Siete Novenas a María Santísima

Tomo I

Letra Grande

LA ATENAS
DE AMERICA

[Título original: *Novenas de la Virgen María, Madre de Dios, para sus dos devotísimos Santuarios de Los Remedios y Guadalupe, dedicadas a los Capitanes Josef de Quezada Cabreros y Josef de Retis Largacha, escritas a devoción del Bachiller Miguel Sánchez, Presbítero* por Manuel Arteaga, México, 1665]

[Título original: *Novena para honrar a la Inmaculada Virgen María Madre de Dios, en su advocación de Nuestra Señora de Lourdes,* escrita por M. A., León, Guanajuato, Tipografía de la Escuela de Artes por Jesús Villalpando, 1878]

[Título original: *Novena a la Santísima Virgen María en su advocación de Salud de los Enfermos dispuesta por el Pbro. J. P.* León, Guanajuato, Imprenta de José M. Monzón, 1883]

[Título original: *Novena que para honrar a la Augusta Madre de Dios en el adorable misterio de su Concepción Inmaculada que escribió un humilde devoto suyo. Lleva añadido un ejercicio para el 8 de diciembre.* México, 2ª ed., Imprenta Religiosa. C. M. Trigueros y Hermano, 1886]

[Título original: *Visita, novena y ejercicios piadosos para los archicofrades y devotos del Inmaculado Corazón de María con licencia del ordinario,* México, Imprenta Guadalupana, 1895]

[Título original: *Devocionario dedicado a Nuestra Madre Santísima de la Luz para honrarla en su advocación, conteniendo su historia, triduos, novenas, mes, varias devociones y misa según Lavalle, ordenado por Don Gabino Chávez, Presbítero de la Diócesis de León.* México, 2ª ed., Herrero Hermanos Editores, 1901]

Siete novenas a María Santísima. Tomo I. Letra grande
Digitalización: Universidad Autónoma de Nuevo León
ISBN: 9798685468390
Sello: Independently published
Abril de 2021
Edición para AMAZON: Jesús Arroyo Cruz
—LAS OBRAS COMPILADAS PERTENECEN AL DOMINIO PÚBLICO—

A mi padre, fiel devoto católico

Nota preliminar

El sabio y devoto lector, tiene en sus manos una exquisita compilación de novenas a María Santísima, de los siglos XVII, XIX, y XXI en sus advocaciones de Virgen de los Remedios, Virgen de Guadalupe, Nuestra Santísima Madre de la Luz, Nuestra Señora de Lourdes, Virgen de la Salud de los Enfermos, Virgen de la Concepción Inmaculada, Virgen del Inmaculado Corazón de María y Virgen de Fátima, que bien podrían considerarse como joyas de la literatura católica.

La pretensión que se persigue es ofrecer distintas posibilidades de profunda reflexión, petición y vínculo con la divina y dulce Madre de Nuestro Señor Jesucristo.

El editor

ÍNDICE

	Pág.
Novena a la Virgen de los Remedios y Virgen de Guadalupe. Manuel Arteaga (1665)	13
Novena a Nuestra Santísima Madre de la Luz en unión con los coros de los Ángeles. Fr. Antonio Claudio de Villegas (1804)	127
Novena a Nuestra Señora de Lourdes. M. A. (1878)	137
Novena a la Virgen María en su advocación de Salud de los Enfermos. Pbro. J. P. (1883)	167
Novena que para honrar a la Augusta Madre de Dios en el adorable misterio de su Concepción Inmaculada (1886)	181
Novena al Inmaculado Corazón de María (1895)	219
Novena a Nuestra Señora de Fátima (Siglo XXI)	251

Novena a la Virgen de los Remedios y Virgen de Guadalupe

Manuel Arteaga
(1665)

El prólogo que doy a estas novenas es un traslado del que tiene San Agustín, mi sagrado Maestro, en su devotísimo manual, conociendo, que de haberle leído atentamente tuvieron su origen. Son tantos dice, los peligros y diversiones del mundo, con que nos olvidamos y resfriamos en los deseos del Cielo, que por instantes necesitamos de motivos y despertadores que nos vuelvan a Dios, y fervoricen en amarle.

Este es el fin de este Manual, sacado de la doctrina y sentencias de los Santos Padres. Lo escribo, no por temeraria presunción, o vanidad de entendido, sino para que, leyéndolo siempre, me encienda el espíritu, y tengan algún alivio y pausa mis penalidades con las memorias de Dios, a quien invoco, aspiro, suspiro, alabo, adoro y confío. ¡Oh si en estas Novenas lográramos tan santa pretensión!

El fundamento que les señalo, es el misterioso número de Nueve, en los Coros de los Ángeles, por el amor que tienen a los hombres según he leído en San Vicente Ferrer. Desde el instante que los Ángeles malos cayeron de todos los Coros, los Ángeles buenos clamaron a Dios, pidiéndole, que aquellos lugares no quedasen vacíos: y piadosamente alcanzaron y merecieran tener revelación de que se habían de llenar de los hombres bienaventurados, por medio de María Virgen su Madre: noticias, que agradecieron y festejaron los Ángeles con infinito regocijo.

Siguiéndose de aquí, que aquellos nueve meses que el Verbo Divino estuvo en el vientre de María Virgen, miraron a los nueve Coros de los Ángeles en la restauración que esperaban. Juzgué, que si la primera Novena que se tuvo en el Santuario primero de María Virgen había sido por Ángeles, y por hombres: sería muy justo, que cuando los hombres han de asistir en los Santuarios de María nueve días, tengan por sus legítimos compañeros y maestros espirituales a los Ángeles, en sus nueve Coros, El premio que puedo pedir por estos renglones (que cada uno es vivo corazón de mis afectos) me advirtió San Anselmo, explicando un capítulo de car del Apóstol San Pablo. Escribió a los Romanos, y les pidió encarecidamente:

Saludad por mí a Rufo, el escogido del Señor, y a su madre y mía. Esta señora, madre de Rufo, no era madre de San Pablo por naturaleza, sino por caridad, afectos y beneficios, que había recibido de ella: y así el amor, la gratitud y la confianza le daba licencia a que la intitulase madre suya. Servirán estas Novenas de cartas espirituales a los fieles devotos que asistieren en los Santuarios de María Virgen a quienes desde luego pido lo que San Pablo, que por mí, y en mi nombre saluden a Jesús y a María, Madre suya y mía: que la devoción y reconocimiento afectos y experiencias me dan licencia a pedir semejantes memorias: premio bastante de mi debida devoción. Y ahora quiero estrenar lo que pido. Ave María: *Monstra te esse Matrem.*

MEDITACIONES ESPIRITUALES
PARA DISPONER LAS NOVENAS

Mandó Dios al Santo Patriarca Abraham saliese de su tierra, patria, casa, parientes y amigos, y caminase a una tierra, que él había de mostrarle: prometiéndole mercedes, premios y comodidades (¡o qué seguras, así por el dueño que se las ofrece, como por el sitio, lejos de donde había nacido!)

Puntual, obediente, y acompañado de Sara, su fidelísima esposa, comenzó su viaje, siguiéndolo con dilatada peregrinación de largo tiempo. Pasado, fundó una casa pobre, albergue corto, y limitado tabernáculo, en el campo, no solo para vivir retirado, sino para hospedar piadoso caminantes y peregrinos: quizás por haberlo sido tan de espacio; que siempre la experiencia de los trabajos, es el mayor motivo para dolerse en los ajenos.

Eligió el espacioso valle y campo despoblado de Mambré a vista de la ciudad de Hebrón por ser aquel camino el más trillado y seguido de peregrinos pasajeros. Dios, que siempre le asistió favoreciéndole, quiso esmerarse visitándole. Se disfrazó en tres Ángeles, y los Ángeles en tres hombres.

Caminó con ellos y llegaron al tiempo del medio día, cuando Abraham estaba a la puerta de su tabernáculo haciendo de sus ojos atalayas de sus deseos. A breve distancia vio tres Peregrinos en todo en la calidad que ocultaban, en la hermosura de Ángeles y en lo bien dispuesto de mancebos gallardos. Ligero salió a recibirlos humilde los adora cortesano los saluda y generoso los convida a descansar y comer.

Los caminantes, conociendo la verdad de su afecto, admitieron la caridad: entraron, y les ofreció agua para refrescarse y lavarse los pies. Avisó a Sara, su esposa, que de la flor de la harina cociera tres panes, y él a toda diligencia entresacó de su mejor chinchorro un becerrillo. Sazonado todo, les puso mesa a la sombra de una copada encina, pabellón de aquel campo., y albergue de las aves, porque quizás venerando tales Peregrinos, les darían músicas suaves.

Les asistió sirviendo; comieron agradecidos, después del Sol caído se despidieron prometiendo felicidades a sus bienhechores y repetir la visita. Día fue este para Abraham y su esposa que cuidadosamente Cristo refirió las alegrías que causó, adjudicándolo por día suyo: porque menos que siendo días de Dios, no pueden llamarse buenos días.

Piadosa profecía puede ser esta de los devotos Santuarios sagradas Ermitas y milagrosos Oratorios de María Virgen Madre de Dios, y principalmente de los dos que gozamos a la vista de México: uno a la parte del Norte, con título de Guadalupe; otro a la parte de Poniente, con nombre de los Remedios. Porque Sara, figura de la Virgen María, se retrata en las dos imágenes: la santísima de los Remedios, propiamente Señora peregrina, en España, acompañando a un Soldado de Flandes, y después dada a otro hermano suyo, soldado también de esta conquista de las Indias, vino asistiendo al ejército de los Cristianos, y ayudándolos en la batalla, quedándose retirada y oculta en el monte, donde hoy tiene su Ermita, hasta que quiso descubrirse y entregarse a un Indio, llamado Juan del Águila, que como tal hizo la presa de una peregrina Sara.

Si entendemos la etimología del nombre, es misteriosa: Sara significa *la Señora olorosa, la Señora de los olores*: donde se declara la prodigiosa Imagen de Guadalupe; que de las flores brotadas del monte y peña maciza (que hoy le sirve y su Santuario de antepecho y resguardo) se pintó en la manta de un Indio llamado Juan Diego, milagrosamente, Sara al fin olorosa y cada una de estas divinas Imágenes, desposadas espiritualmente con Abraham; pues el nombre de los dos Indios venturosos fue igual y el origen de su nación el mismo: porque Abraham fue hijo de Thare y, el primero que formó de barro ídolos para adorar; de cuya idolatría lo sacó Abraham al conocimiento del verdadero Dios, como quien había de ser padre de los creyentes. Estos eran indios originarios, de padres idólatras, en este nuevo mundo, después convertidos y para merecer el favor y compañía de la Virgen, con quien fuesen padres espirituales en el ejemplo, y ganasen muchos con los milagros. Y así hemos de considerar los Santuarios y Ermitas como tabernáculos de Abraham y de Sara, y disponer visitarlos, y asistir nueve días, como Dios lo dispuso en los otros tabernáculos.

Meditación primera

Aquella fiesta y asistencia en el campo en tabernáculos tenía señalados ocho días, y cada uno empleado y dedicado con nuevo sacrificio a Dios; porque no se entendiese salían a entretenidas diversiones y desahogos profanos, sino a servir a Dios. Enseñanza toda para nosotros cuando salimos a las Ermitas, y nos hallamos en ellas. Señalarse días a los hebreos era forzoso: pues allí se presentaban peregrinos, habían de tener días contados como son los de todos los hombres. En señalar nueve días, es contar días, que nos acuerden cuan limitados son los de la vida humana y que el desengaño coja la medida y compás meditándolo; como lo hizo el más bien desengañado convertido: ¿quién sino San Agustín? Que, considerando una vida tan peregrina y caminante como la nuestra, y que todo su ser lo tenía fundado en el tiempo, se puso a meditarlo. Mido dice, el tiempo pasado ya no es: mido el presente, nada es: mido el venidero, aún no es: ¿qué mido? Y conociendo, que los nueve días son días contados, obrad en ellos, siguiendo la espiritual ponderación de un Docto moderno.

Contempla a Dios en todos los días de la creación del mundo, sin que en ninguno de los intermedios se diga que descansó, hasta el sábado: porque como se iban contando los días por mañanas y tardes, el mismo Dios nos enseña, que en días contados no se ha de perder instante en el obrar bien, hasta que llegue el sábado, que no tiene cómputo de horas, mañana, tarde ni punto; que es el día de la bienaventuranza. ¡Oh fieles! Logremos los días señalados en los Santuarios de María, obrando bien en todos con el favor de esta Señora.

Meditación segunda

Caminó Dios al tabernáculo de Abraham y de Sara su esposa, disimulado en Ángeles y hombres para que cuando los hombres caminen a los tabernáculos y Santuarios de Dios y su Madre en los campos adviertan son caminos tan del Cielo que los han de caminar con pasos no solamente de Ángeles sino con pasos de Dios. Profetizando Isaías la fundación de la Iglesia, y primitivo Santuario en el campo de la Gentilidad dijo: Se alegrará la soledad floreciendo primavera; y convirtiéndose en jardines tendrá la gloria de los montes Líbano, Carmelo y Saron.

A todo concurso la visitarán las gentes: hallarán en ella los necesitados remedio, ojos los ciegos ¿pies los tullidos, oídos los sordos, y manos los impedidos. El camino por donde se ha de caminar ha de llamarse santo; con tal cuidado y veneración, que no ha de haber en él animal ponzoñoso, bestia perjudicial, ni brutos insolentes. En esta planta y profecía podemos meditar los dos Santuarios y Ermitas de la Virgen en este nuevo mundo y sitio despoblado, jurisdicción de la gentilidad de los indios, en la florida soledad, el de Guadalupe: en el glorioso monte, el de los Remedios visitados estos de innumerables fieles, que hallan allí milagrosos remedios para sus necesidades y trabajos.

Y sacar de la meditación el conocimiento, que los caminos y calzadas son caminos santos: que piden tal veneración y respeto, que no los han de pisar animales torpes, sabandijas lascivas, ni bestias pecadoras: que olvidarse de esta circunstancia, es arriesgarse a perecer en el camino.

Es muy de ponderar la felicidad de los hebreos y la desdicha de los egipcios en el mar Bermejo: aquellos pasando a todo gusto; y estos pereciendo a todo castigo, y en ocasión que se volvían ya y reconociendo la mano poderosa de Dios, que con tanto sufrimiento y misericordia los había suplido con su Príncipe Faraón tantos años, y ahora , sin apelación, los ahoga en el profundo de aquel piélago, por ministerio de Ángeles, dejando allí los carros , que se veían como por vidrieras, para venideros escarmientos.

Lo que he podido discurrir a mi propósito, es que aquel camino o caminos, que se abrieron en el mar, fueron caminos santos, caminos milagrosos, a ejecución de la vara de Dios, por mano de Moisés. Camino y calzadas para la Tierra de Promisión pedían en los caminantes veneración, atención y disposición. Los Israelitas la traían con las ceremonias que habían prevenido para salir de Egipto, obedeciendo las órdenes de Dios: los egipcios, en ninguna manera; antes, por lo contrario, llegaron al mar más sangrientos, vengativos, y enemigos de Dios. Pues véase la diferencia: en los israelitas, la felicidad y buen suceso; en los egipcios, la desgracia: que atreverse a caminar por caminos santos, y sendas milagrosas, es irritar a Dios, para que lo sufrido de su paciencia se convierta en lo executivo del castigo.

Fieles, cuidado para caminar a los Santuarios: temed, temed; si allí se abrieron las aguas para sepulcros, no se abra la Tierra para tragaros: caminar como Ángeles, tesoreros de Dios.

Meditación tercera

Dios escogió tres Ángeles con soberano acuerdo porque quiso en el número sagrado de tres revelar el misterio inefable de la Santísima Trinidad; que así lo conoció el venturoso Patriarca, y después lo enseñó otro Patriarca, mi San Agustín. Medite sobre esta verdad nuestro espíritu; y entienda también , que estos tres Ángeles vinieron en nombre de todos los Ángeles en sus nueve

Coros pues se reducen a tres jerarquías; y venerar el número de nueve acordándose los que se van a dedicar a Dios, y a su Madre Virgen: porque el número de nueve se compone de tres números ternarios, tres veces tres: con que vendrá a parar todo a la memoria de la Santísima Trinidad, que hemos de llevar grabada en nuestros corazones.

Y para que todo nos aproveche, reduzcamos estos tres Ángeles devotamente a los tres principales que veneramos y conocemos expresamente, San Miguel, San Gabriel y San Rafael; contemplando, que ellos nos acompañan, y desde luego nos va enseñando cada uno lo que le toca, como si se hubieran transformado en nosotros para este fin.

El Arcángel Príncipe San Miguel, mi querido Patrón (en cuyo nombre vivo) para ensenar el camino, facilitar dificultades, y avisar del dueño del Santuario. Sacó Dios al pueblo de Israel del cautiverio de Egipto, y al punto le dio un Ángel que le guiase, precediendo y presidiendo en una columna misteriosa, advirtiendo Dios a todos, era su Ángel; que le oyeran y veneraran, porque él les había de introducir en el lugar señalado; y que en él iba depositado su nombre.

Este Ángel fue San Miguel, en cuyo nombre está el nombre de Dios: según la etimología, significa, *"¿Quién como Dios?"* Y según las letras en la cuenta de los hebreos y números de ellas, el nombre de María: de tal manera, que pronunciar Miguel, es pronunciar María; y decir María, es decir Miguel. No lo dudéis, cuando sabemos, que entre todos los Ángeles buenos que pelearon por la honra de Dios, solo este nombre singular se declara; quizás por el privilegio de lo que significa, y por el número de las letras que monta. Será la meditación poner con atención la vista a seguir a este Ángel , que enseña el camino, y el oído a la palabra

Miguel, que avisa, Dios, María, dueños del Santuario; logrando los ecos de los nombres en el alma, para ahuyentar de ella los demonios pensamientos, los demonios ladrones y cosarios en los caminos del Cielo: que esta fuerza tiene el santo nombre de María invocado , ahuyentar los Ángeles malos, y ganar a los Ángeles buenos, que oyéndolo se acercan, aficionan y unen al alma, acompañándola y consolándola.

La columna antigua fue imagen de María Virgen Madre de Dios, según su devoto San Epifanio. Yo con él me adelanto a que fuese imagen en las dos milagrosas, que llevamos en nuestro discurso. La columna de día era nube, que se desplegaba y tendía, sirviendo de pabellón o toldo, para templar calores, y como por cristales comunicar las luces. Aquí está la imagen santísima de Guadalupe., aparecida de día a los ojos del Ilustrísimo Prelado de México D. Fr. Juan de Zumárraga, pintada en flores en lienzo y manta de un indio, a quien se le había ya aparecido y hablado cuatro veces en aquel monte y sitios, que se descubrió entre celajes de nubes, y un Sol rayado, que hoy permanece.

La columna era de noche fuego, que como farol o antorcha alumbraba a los israelitas, y tal vez a los egipcios, obscureciéndolos.

Esta es la imagen sacratísima de los Remedios, luz de los conquistadores, y principalmente en la noche memorable, que se retiraron afligidos a su sagrado monte, donde alumbrando a los cristianos, obscurecía y cegaba a los indios con tierra, dejando en aquel sitio señas de aquel fuego ; pues antes de descubrirse y manifestarse esta santa imagen del retiro en el monte, cerca de veinte años, los vecinos y comarcanos veían las vísperas de San Hipólito, Patrón de la Conquista, todos los años luces y luminarias, mensajeras de la columna de fuego que allí se ocultaba.

Y así, fieles, San Miguel con el nombre, no solo nos va diciendo, María, sino a cada uno el nombre de María, que busca: María Virgen de Guadalupe, en la columna de nube: María Virgen de los Remedios, en la columna de fuego.

El Arcángel San Gabriel acompañará, diciéndote el misterio, que debes ejercitar de Embajador de Dios, a visitar a María Virgen su Madre, saludarla, asistirla y reverenciarla: guardando el orden con que lo refiere San Lucas. Envió Dios al Arcángel Gabriel a la ciudad de Nazareth, a una Virgen, cuyo nombre era María. Entró en su presencia, y con toda reverencia la saludó, llamándola: *Llena de gracia, y bendita entre las mujeres.*

Le habló, le respondió, sacando de aquella santa conversación y embajada el dulce *Sí* para el misterio de la Encarnación del Verbo Divino: y se volvió bien despachado. Esto has de meditar en la compañía de este Embajador Arcángel: que vas enviado de Dios a Nazareth. Esta fue la Ciudad, Patria de María, fundada en un monte, y significando en su nombre flores.

Que vas a los Santuarios y Patrias de María: florida en Guadalupe: situada en monte de los Remedios: que vas a saludarla., bendecirla y venerarla: que vas a gastar los nueve días en conversaciones espirituales, contemplaciones de los misterios de Cristo, y a oír el sí de lo que cristianamente le pides.

Y entre todas estas circunstancias, examina con todo cuidado, verdad y desengaño, si vas enviado de Dios, o si te envía el querer divertirte, el querer festejarte, o si te envía el demonio; que no será nuevo hacer capa de los Santuarios.

Oye esta historia. Pereció desastradamente el Príncipe Absalón, pendiente de un encino que, levantando un tronco, vara de divina justicia, hizo ejecución de sus cabellos, sin atreverse a cortarlos: porque, según la tradición, se le abrió en aquel instante la tierra en una gruta tan dilatada y profunda, que divisaba el infierno, centelleando, humeando, y rabiando a todo ruido de sus mazmorras, cárceles y calabozos; y temiendo derrumbarse precipitado dispensó con las ansias de la muerte a no buscar soltura.

El crédito de esto, en mi opinión, es muy fácil siendo la dependencia de los cabellos tan cuidados, peinados y rizados, que cada uno de ellos se podía presumir por evidente pronóstico de un delito, consejero de una deshonestidad, compañero de una traición, maestro de la ociosidad, adorno de la lujuria, padrino de la cobardía, y confusión de los sexos; y al fin verdugo de su vida, cordel de su castigo, y ejecutor de su muerte.

Ella fue desdichada; pues ni resguardos de un padre Rey le valieron, ni las finezas de su amigo Joab le detuvieron el brazo a no romperle el pecho, para que más le dolieran las tres heridas de la lanza. Todo encerró prodigio.

Sea la causa, en mi entender: tenía Absalón maquinada y dispuesta la conjuración contra su padre David; y para efectuarla y asegurarlo, le pidió licencia para salir de la ciudad a Hebrón, a ofrecer sacrificios a Dios en el Templo, y cumplir una promesa, que debía. Salió, llegó, ofreció; y al punto dio la seña: tocó clarín y militar bastarda, a cuyos ecos se convocaron y juntaron todos los aliados rebeldes, y obligaron a que David saliese huyendo de la tiranía de su hijo, que la pagó volviendo, a encuentro de la encina.

¡Oh permisiones justísimas de Dios! ¡Oh misteriosos juicios de su omnipotencia! ¡Oh ejemplares castigos de su divina providencia! Valióse Absalón de fingir devoción, y paliar su designio, con ir a cumplir promesa fuera de la ciudad al Santuario, y aquel sacrílego rebelión tuvo su efecto con esta diligencia: pues muera en el camino, a la vuelta, y quede en él para padrón a los venideros. ¡Cuánto sentimiento causan en Dios semejantes iniquidades! Castíguese Absalón, que va enviado del demonio.

Cristianos, examen riguroso pide este punto: no suceda, que vayas enviado del demonio a ejecutar alguna traición y maldad contra Dios y contra el inocente, a quien debes guardar fidelidad, y que la Novena sea la voz que convoque. Caminar como Gabriel, enviado de Dios, es la embajada segura.

El Arcángel San Rafael podrá acompañarte enseñando como se ha de alcanzar de Dios, y de su santísima Madre lo que se va a pedir a sus Santuarios con el suceso y compañía que le hizo al santo mancebo Tobías sacándolo de su casa a solicitar negocios de importancia y comodidades de su padre que ya estaba ciego y en trabajos.

Llegaron al río Tigris; y refrescándose en sus corrientes el caminante Tobías, saltó de las aguas un pez, tal que lo retiró atemorizado, hasta que animado del Ángel lo sacó, y por su mandado en la ribera lo descuartizó; y haciendo curiosa anatomía le sacó el corazón el hígado y la hiel: adviniéndole el Ángel los llevase, por ser reliquias medicinales contra el demonio y para la salud del cuerpo.

Llevaron parte del pez para viático que se logró con todo buen suceso; ahuyentando el mancebo Tobías con el olor del corazón puesto al fuego, al demonio Asmodeo; demonio deshonesto, que había quitado la vida a los maridos de Ana con quien se desposó sin peligrar. Surtió efecto la cantidad de la cobranza: y al fin volviendo venturoso a su casa con la hiel recobró la vista su padre.

¡Oh santo compañero! Rafael obró según la significación de su nombre, que es "Medicina de Dios". La meditación puede compartir todas estas cosas para esperar el logro del camino y viaje a las novenas.

Si los trabajos espirituales o temporales ya del estado, ya de tus comodidades, ya de tu salud te sacan de tu casa, y buscas medicina de Dios, elígela en Rafael, que te acompañe: oye lo que te manda cuando llegues al río (misterio es haber puesto Dios a la vista de nuestros Santuarios dos ríos, que señalan su jurisdicción).

El pez significa "a Cristo"; el corazón, su amor; la hiel, su pasión; el hígado, su sangre, como oficina de ella. Debes llevar para viático y sustento a Cristo, en género que dice templanza y mortificación; no prevenir regalo para festejos y convites superfluos. El corazón, en fuego de amor suyo, que estando en él, exhalarás olores castos, olores santos, olores de oración, que expelan demonios Asmodeos. La hiel, en la meditación de las amarguras suyas y sagrada pasión, que su memoria es medicina de la salud espiritual y corporal. Y así devotamente San Agustín mi Padre, meditándola, dice:

No hay tan eficaz remedio y medicina para curar las heridas y llagas de la consciencia, como la continua meditación de las llagas de Cristo: el hígado, vaso de la sangre, la memoria de la de Cristo; no solo por haberla derramado para redimirnos, sino lo singular que permitió, en que del precio en que lo vendieron se comprase un campo para sepultura de peregrinos, intitulándose, *El Campo de la Sangre*; para que , pues se camina como peregrinos en el campo al Santuario, resucite el agradecimiento, y se represente el sepulcro, en que han de venir a parar todos los hombres, pues todos son peregrinos. Que de esta manera se logrará el camino, novena, y compañía de tal Ángel.

Meditación tercera

Abraham estaba a la puerta de su tabernáculo al tiempo y hora de mediodía: salió ligero a recibir los tres peregrinos Ángeles. Entraron en su tabernáculo y lo primero que les ofreció fue agua para lavarse los pies: puso la mesa, y en ella tres panes: quedáronse comiendo. Así los hemos de dejar, hasta que sea tiempo de despedirse: ahora valgámonos de todo en la meditación.

En cada una de las santas Ermitas podemos considerar a su Abraham, a su indio dichoso, asistiendo como vigilantes centinelas y deseando que los fieles caminantes peregrinos y necesitados lleguen; gloriándose cuando se acercan y aposentan; y que caritativos avisan a Sara sacratísima que les disponga el sustento espiritual.

Haber entrado los Ángeles es haber anticipado la posesión que tienen a estas Ermitas; porque la fundación de la de Guadalupe fue principiada de Ángeles, que asistiendo a la Virgen con músicas sonoras, detuvieron al caminante escogido Juan, para que elevado y suspenso rodease con la vista; y descubriese a quien lo llamaba desde la cumbre del monte.

La de los Remedios muchos años antes que se edificara la primera, se veía en poder de los Ángeles, que a toda diligencia obreros, la componían con el modelo y planta que después se fabricó. Y así entran aquí como en su propia casa, y llevan a los hombres, para que se alberguen, aposenten y descansen. Hemos de entrar informados de Ángeles.

Lo primero que Abraham les ofreció a los peregrinos Ángeles fue agua para lavarse los pies. Esto es avisar la limpieza con que hemos de entrar a pisar aquel sagrado sitio y tierra santa de las Ermitas, que en profecía, parece, cuidó David de preguntarla a Dios, y declararla a los cristianos. Mi Dios, ¿quién será digno de habitar en tu tabernáculo, y descansar en tu santo monte? ¿En el tabernáculo de Guadalupe y en el monte de los Remedios? Así lo explicó.

Y responde haciendo un catálogo de todas las virtudes, para decir quien ha de entrar, y quien ha de asistir: pies limpios, pasos virtuosos, pisadas ejemplares. Es cosa rara lo que leí del Huerto de Getsemaní no ha quedado memoria en cerca, arboles ni plantas, todo está destruido y destrozado y solamente se ven expresas e impresas las pisadas y huellas de Judas, el Apóstol ingrato. Admira, que habiendo dado tantos pasos contra Cristo, solo estos se grabasen perpetuos señalando el delito. Pienso, que como Cristo se había retirado a este Huerto, y en lo más escondido de él señalado el oratorio de su espíritu, con sus tres discípulos, sentiría grandemente que Judas le fuese allí a buscar, y ejecutar la ofensa y traición anticipadamente intentada: el pisar aquel Huerto y Santuario de contemplación contra él, pide demostración: sirvan de ella las pisadas, imprímanse, y no se borren; que pedía el sitio pies limpios y santos.

Fieles agua primero para lavarse; entrar cuidadosos para que el día del juicio no parezcan grabadas pisadas y pasos, que sean fiscales de la Novena mal prevenida y de la asistencia mal considerada.

Después les puso la mesa y dio de comer a cada uno su pan de la flor de la harina. Claro está, pues, significa el Cuerpo de Cristo Sacramentado en pan: concepto es de San Agustín. ¿Luego sirvió la diligencia de lavarse, no solo para pisar el tabernáculo, sino para comer tal pan? Uno y otro se pide en nosotros, y con mayores disposiciones: porque el sustento que hemos de tener y debemos para seguir la Novena, es comer y recibir el Pan Sacramentado del Altar, que de suyo es para caminantes y peregrinos.

Bien podía Elías predicarlo en figura; más tenemos la doctrina en la propia Verdad, en Cristo, que caminando como peregrino, y sentándose a comer con los discípulos en el Castillo de Emaús ¿le conocieron y confesaron, viéndole partir el pan, que verdaderamente consagró en su Cuerpo: el Pan divino les abrió el entendimiento. Y así el primer sustento ha de ser el comulgar para que cobremos conocimiento, amor, esfuerzo y espíritu; que María Virgen, como tan dueño, tan Sara de este Pan j nos lo dispondrá, y dará misericordiosa en todos los días que se permitiere.

Quedose Dios aquel día en los Ángeles y hombres en casa de Abraham, dándole en aquel día muchos, y todos buenos, alegres y felicísimos días (hablo con la elocuencia y exposición de mi Santo Agustino, cuya doctrina ha de ser el nivel para que sepamos como hemos de ocupar estos nueve días, que Dios nos ofrece, en compañía de los Ángeles nuestros maestros). Como luz de la Iglesia trató materia de la primera luz, en que fueron creados los Ángeles, de donde ganaron y merecieron el nombre de días. Son días los más lúcidos, y tienen también sus mañanas y tardes en los conocimientos. Tienen conocimiento que se llama de la mañana; éste consiste en conocer a Dios, y en él, como en centro, a todas las cosas y criaturas. El conocimiento de la tarde, es conocer a las criaturas en sí mismas lo que son; más siempre con el respecto a Dios, como a su dueño omnipotente.

De manera, que los Ángeles son días con mañanas y tardes. Claro está, que nueve Coros de Ángeles servirán como nueve días con tardes y mañanas: serán un Coro, un día por su orden, que elija la devoción. Y para que de todo punto y con espiritual compartición se goce cada día, pues tiene su mañana y su tarde, la mañana se podrá meditar con el dulcísimo San Bernardo, que amorosamente se puso a comentar estos nueve Coros de Ángeles, explicando el ministerio en que cada uno se ocupa, y el motivo particular que tiene en amar a Dios: esto nos ha de enseñar la mañana.

La tarde se ha de seguir con la doctrina moral de San Vicente Ferrer: que considerando estos nueve Coros de los Ángeles declara como en cada uno de ellos asisten los hombres bienaventurados, y señala las virtudes con que se ganan estos Coros. Y así en día de Ángeles será la mañana y la tarde de Ángeles, para esperar como Abraham lograr días de Dios en cada un día.

Sea la clave de estas Meditaciones y prevenciones espirituales para comenzar las novenas, el advertir que después de haber llegado al Santuario devotamente se visite la Ermita: y en ella arrodillándose enterneciéndose y consolándose se ofrezca cada día a Dios y a su bendita Madre. ¡Oh mi Dios! ¡Oh María! ¡Qué hermosos, santos y amables son vuestros tabernáculos, santuarios y ermitas!

Mi buena dicha me tiene ya en ésta, donde mi cuerpo y alma han comenzado a sentir júbilos, alegrías y dulzuras. Conozco que como pájaro solitario he hallado albergue, y como tórtola nido. Como pájaro desvalido abrigo y amparo: como tórtola, posada, donde asegure mis pensamientos hijos del corazón, y gimiendo mis culpas, pueda esperar indulgencia.

Por dichoso puedo tenerme en este sitio, donde un día vale por muchos días, y en cada uno de los días poder lograr propósitos santos, consolar penalidades de este valle de lágrimas y confusión del mundo.

¡Oh mi Dios! Con vuestra bendición espero medrar. ¡Oh María! con vuestra intercesión, merecer que cada día de estas Novenas (así os lo suplico) sea una nueva virtud, con que ganar el Cielo. Retiróme a dormir, y dejo aquí mi corazón velando.

Día primero
El Coro de los Ángeles

La noche se ha pasado; ya se ha llegado el día: desnudémonos de las tinieblas, y vistámonos de las luces: pues estamos en el día, sean nuestras obras como de día. Doctrina es del Apóstol San Pablo, muy al propósito de este día, siendo el primero de tales nueve días, en que están significados los Ángeles por sus Coros. Estrenemos el de los Ángeles, que aunque todos lo son, el primero goza este título, que es de ministerio y oficio.

El Coro de los Ángeles contempla a Dios en la rectitud de sus divinos juicios, con que a cada uno da lo que merece, y premia como le sirve. Con esto se glorifican, viéndose ministros de tal Señor y Dueño, que supo premiar la fidelidad con que le sirvieron: y hacen motivo singular de esta consideración, para fervorizarse en amar a Dios hombre. Esta es la ocupación del Coro de los Ángeles, y el fundamento y fervor de su amor.

Meditación para la mañana

A toda ley servir a Dios, que él solamente sabe pagar a quien le sirve, y premiar a quien lo merece. Esto nos enseñan los Ángeles, y tenemos en experiencias. Aconsejado de su madre Rebeca, y temiendo rigores de su hermano Esaú salió de su casa el santo Patriarca Jacob.

Peregrinando llegó a los campos de Aran: cogióle allí la noche, y dispuso pasarla en lo duro del campo, y por almohadas unas piedras, que recogió de las sobradas, determinado al desabrigo de aquel eriazo desierto e inclemencias del Cielo; si bien se le convirtieron en clemencias, pues se quedó dormido, cuando menores cuidados que los suyos desvelan: y al punto se le partieron los Cielos, dándole, no solo noticias de sus luces, sino arrojándole una Escala, hasta encontrar con la cabecera, a Dios en ella, y Ángeles, que veloces la subían y bajaban ; oyendo de la boca de Dios la donación y promesa de aquel sitio , y en lo venidero felicidades a colmo.

¡Caso raro! que da a entender, que quien está escogido para dichoso, cualquier lugar le aprovecha, y la mayor incomodidad le apadrina. Madrugó, y agradecido ungió la piedra, que le había servido de almohada, dedicándola a Dios, para padrón del beneficio, y reconocimiento de la gratitud. Estuvo discreto, que el que no puede pagar, sepa siquiera agradecer.

Prosiguió su viaje, llegó a la casa de Laban, su pariente, pidióle a Rachel por esposa; él se la prometió generoso, con tal que le había de servir por ella siete años: no lo dificultó Jacob, asistiendo con todo cuidado, sin temores del hielo, ni recelo de los calores, pastoreando vigilante y trabajando con esperanzas de premio:(a los más negligentes anima). Esta es la historia: vamos a lo espiritual.

Consideremos a Jacob entre Dios y Laban; Dios, que le promete la Tierra; y él que le ofrece en servicio la piedra: Laban prometiéndole por esposa a su hija Rachel y él sirviéndole siete años incansable; y hallaremos la diferencia, ojalá para saber escarmentar. Cumplió se el tiempo de los siete años, y dale a Lia por Rachel, disculpándose con las políticas del mundo. Condénalo a que repita el trabajo otros siete años; él lo admite (que muchas veces el empeño de lo que se ha trabajado obliga a trabajar, aunque se tengan a los ojos desengañadas las esperanzas).

Cuando llegaron a lograrse las de Jacob, hallándose esposo de Rachel, comienzan caseramente a perseguirlo y envidiarlo, habiendo sido sus medras a costa de su trabajo y de su ingenio. Sale viéndose en tal estado, y en sus alcances Laban, indiciándole de ladrón de sus ídolos habiéndole servido la asistencia de Jacob de todas comodidades.

De manera, que la primera vez no le pagó, ni le dio lo que había prometido. La segunda le paga con tantas pensiones disgustos y sinsabores que no hay que agradecerle. Esto es servir al mundo y a los suyos: esta es la paga y el premio. A voces nos desengaña el más bien desengañado del mundo, San Agustín en un sermón, que intitula: *Engaño del mundo*. ¡Oh mundo traidor! Prometes todos los bienes y pagas con todos los males: prometes vida, y recompensas con la muerte: prometes alegrías y pagas con tristezas: prometes quietud, y para todo en desasosiegos: prometes permanencia y con toda brevedad mentiroso te escondes. ¡Oh mundo desdichado el que te sirve, y engañado el que te espera, aunque siempre te sirva!

Volvamos a Dios, y veremos sus justos premios y promesas seguras. Al punto que vio a Jacob afligido, perseguido y envidiado, por las medras que él le había dado, acosta de su ingenio y trabajo, se le apareció y dijo, era el Dios de Bethel, donde había ungido la piedra: que saliese, y que caminase al lugar donde dedicó la piedra, saliendo el mismo Dios a la demanda y encuentro de Laban: logrando Jacob la seguridad en el paraje, vencedor y contento. ¡Oh mi Dios sacratísimo!

No se contentó con pagarle de antemano, dándole por suyo el sitio, abriéndole los Cielos, y asistiéndole en la Escala sino después le premia la dadiva y servicio de la piedra; y lo que había sido secreto en el campo, Dios lo publica, cuando los hombres, aun beneficios públicos siempre procuran negarlos: teniendo la paga y beneficio de Dios dos graves y considerables circunstancias para agradecidas y estimadas. La una, que le acudió cuando le vio en el trabajo, y más entre enemigos caseros, ignorantes de lo que merecía Jacob.

La otra que, aunque podía por diversos caminos premiarle y favorecerle quiso que fuese en el propio lugar donde él había servido, donde él había puesto la primera piedra, en el sitio que tan desierto estaba: y es consuelo hallar sagrado a gusto; más solamente Dios sabe pagar de esta manera. Y así lo conocen los Ángeles, y hacen de esto singular y eficaz motivo, para amarle; enseñándonos, que solo Dios es bueno para ser servido, prometiendo para dar, y pagando para satisfacer.

El mediodía llega, y llama al necesario sustento. Podrá elegir la devoción para esta hora la oración del *Padre nuestro,* repartiéndola en nueve días. Sea hoy, *Padre nuestro.* ¡Oh qué nombre tan misterioso! En la significación dice, el que sustenta; en los efectos, el que anima: porque aquel hijo perdido en estas dos cosas fundó la vuelta y remedio de su perdición. Iré —dijo—, a casa de mi padre donde los sirvientes de mi padre tienen panes en abundancia. Señor y Dios mío yo soy el pródigo pecador, he venido a esta casa vuestra, casa de mi Padre, para que me sustentéis; Padre, para que me perdonéis; Padre, para que me recibáis. *Pater noster.*

Meditación para la tarde

Aunque la mañana goza las primicias de la luz no se queda sin ella la tarde; antes es luz la suya tan misteriosa que en los primeros días de la Creación del mundo la tarde se llevó la primacía del lugar en la relación sagrada. Pide la tarde ocupación espiritual en semejantes días. Sean las tardes por el orden de los Coros Angélicos siguiendo a San Vicente Ferrer en lo moral, curioso y doctrinable, que refiere en diversos sermones y particularmente en el segundo de Asunción. A petición de la Virgen Santísima, Jesús, su Hijo, siendo de siete años, se subía en lugar eminente y le servía de Maestro en lo que su santísima Madre le pedía lo fuese.

Una vez le pidió, quería saber la gloria de los bienaventurados en el Cielo ¿cómo la gozaban y se les repartía? Respondió, que por los Coros de los Ángeles: y aunque toda era una en lo esencial, subían los Bienaventurados, según las virtudes, a ocupar en los Coros los lugares, singularizando y señalando en cada uno la virtud que lo granjeaba. Esto hemos de discurrir: y comenzando por el Coro de hoy, que es de los Ángeles, éste y su compañía ganan y gozan los penitentes convertidos, y mortificados abstinentes, que cuando mueren y suben al Cielo, como a sus compañeros, los reciben los Ángeles en este su Coro festejándolos.

Meditemos la excelencia de la virtud santa de la penitencia, para que con ella solicitemos ser compañeros en su Coro. No mudemos historia, que yo pretendo solamente claridad con provecho.

Recorramos los favores que Dios hizo a Jacob. Iba afligido; permite que se duerma, y descanse. Le franquea el Cielo, le descuelga la Escala, la llena de Ángeles, él mismo le asiste, le promete mercedes y beneficioso, le vuelve al mismo paraje, se intitula Dios de aquel lugar admite la dadiva de aquella piedra, y publica aquella acción y suceso de Jacob: cualquiera cosa de estas bastante para honrar, animar, premiar y consolar al que más hubiera trabajado. ¿Qué atenciones fueron estas en Dios, pudiendo en su casa, o en otra ocasión y paraje esmerarse con él, y principalmente en casa de Laban?

Respondió con la moralidad de un docto jesuita. Representó aquí Jacob a un convertido penitente, abstinente, mortificado en dura cama, cabecera de piedras, desabrigado sitio, rigores de la noche, desnudo a padecer: y puede tanto con Dios semejante virtud, que aun en jeroglífico le quiere premiar, asistir y animar. Y como los penitentes son del Coro de los Ángeles, permite arrojen ellos la Escala, bajen y suban a contemplarle, como a su compañero: y si las piedras son prendas de la penitencia, una recibe en perpetuas, memorias.

Yo advertí con tal luz el estilo con que Cristo declaró el gusto que recibe el Cielo, cuando ve y goza a un convertido penitente, que es este gusto alegría delante de los Ángeles de Dios, cuando toda la gloria de los Bienaventurados está también en presencia y compañía de los Ángeles: y discurrí piadosamente, que declaró por su camino, el derecho, que el Coro de los Ángeles tienen a semejantes Bienaventurados.

Sea, pues, o fieles, el meditar el Coro de los Ángeles un aviso, un impulso, un espíritu, para que, convertidos a Dios, llorando nuestras culpas y satisfaciendo por ellas, nos fervoricemos a solicitar su santa compañía.

En otra ocasión pidió la Virgen a su Hijo Jesús, le declarase la pena de los condenados, y la. compañía que tienen con los demonios; Y la respondió: Que como había en el Cielo nueve Coros de Ángeles, había en el infierno nueve cárceles de condenados, que corresponden a los demonios, conforme el Coro de donde cayeron.

De manera, que como en el Cielo, por lo superior, van subiendo los Coros, y las virtudes granjeando la compañía; por lo profundo, se van numerando las cárceles: y así la primera, y menos retirada, es la que toca a los Ángeles malditos, que hoy está designada para los condenados, que fueron en vida impenitentes, obstinados y rebeldes. ¡Oh justísimas disposiciones de Dios! ¡Oh ejemplares avisos! ¡Oh vivos predicadores!

Meditemos fieles, las penas de esta cárcel, infiriéndolas, de que, si Dios a los penitentes les honra en tanto extremo, y los Ángeles buenos los festejan con tales glorias en su Coro, claro está que, a los condenados, en la cárcel de Ángeles malditos, han de corresponder rigurosos tormentos.

Temamos obstinarnos impenitentes, y procuremos reducirnos convertidos, para vernos compañeros del Coro de los santos Ángeles, y nos libremos dé la primera cárcel de los Ángeles malditos; implorando el favor é intercesión de María Virgen,

A quien podemos saludar, pues ya es hora de anochecer, y repartir su *Ave María* y como el *Pater noster. Dios te salve María.* Señora y Virgen., aunque el Ángel aquí no pronunció tu nombre María, la Iglesia lo añadió ¿para que con él te pidamos favor; y así los títulos del Ángel, y palabras con que te saludó, declaran tu dignidad, grandeza y soberanía: tu sagrado nombre avisa de tu piedad, y te inclina a concederla. Y así arrodillados, pues es día de los Ángeles, diremos en su compañía: *Ave María.*

Meditación para la noche

La noche, en lo natural es el tiempo del mayor desengaño; porque en ella se consideran muertas y sepultadas las luces de la mañana más hermosa, y los resplandores de la tarde más viva, sirviendo las tinieblas de epilogo del día, predicando en el silencio a los hombres, que no se fíen de los días, pues todos vienen a parar en la noche. Luego debemos ocupar también espiritualmente la noche, y en ella recapacitar las meditaciones de la mañana y de la tarde, considerando a María Virgen en estos dos sus milagrosos Santuarios. Repitamos las memorias de Jacob, pues todas son tan al propósito habiéndole sucedido de noche, y estrenaremos bien esta primera noche.

Le ofreció el Cielo la Escala vistosa y extremada, fundada y. firme en aquel despoblado desierto, sirviendo de pasaje a los Ángeles; unos bajando del Cielo a la Tierra, otros subiendo de la Tierra al Cielo. Muchos se han desvelado en contemplar esta Escala; y algunos han entendido en ella a la Virgen Santísima María: yo les sigo, y juzgo, que se representa como Señora y Reina de los Ángeles en todos sus Coros significados en las gradas o grados. de la Escala; a quien reconocen como ministros sirvientes, todos los Espiritas Angélicos: y en los que suben a los devotos y aficionados suyos en la Tierra que con su patrocinio e intercesión medran y ganan el Cielo.

Y así el Coro primero de los Ángeles, nos enseña también a que amemos y sirvamos a esta Sacratísima Señora, que sabe pagar a quien la sirve. Y parece que nos están poniendo por testigos a dos Ángeles humanos a dos Ángeles Indios dichosos (bien sé que no se dedignarán los Ángeles que gocen este nombre; que mientras más humildes, más cercanos a los Ángeles.

Escogiólos la Virgen para ministros y primitivos fundadores en los desiertos de Guadalupe y los Remedios consagrándole y dedicándole las piedras de sus santas Ermitas. Pagóles como Dios de antemano; a Juan el de Guadalupe con darle salud a un pariente suyo, enfermo de muerte, visitándole y favoreciéndole pues le constituyó embajador del nombre que hoy tiene su milagrosa imagen de Guadalupe.

A Juan, el de los Remedios dándole un cinto de cuero (reliquia que hoy se guarda) con que ceñido cobró salud y vida, estando sin esperanzas, por habérsele caído encima una columna de piedra.

Pagóles después, concediéndoles la asistencia en su compañía, en los propios sitios y lugares donde la habían servido en sus Santuarios y Ermitas: donde viviendo como convertidos de la gentilidad al cristianismo, y agradeciendo a Dios y a su Madre santísima el beneficio, tuvieron a sus ojos y manos la Escala, para subir al Cielo.

Meditemos tiernamente estas dulzuras, y digamos a María Virgen: Escala santísima, Archivo de los Ángeles, Gobernadora de sus Coros, aquí hemos de dormir en este sitio vuestro: asistidlos, guardadnos y favorecednos, para pasar la noche contemplando en Vos, y para madrugar a dedicarnos a Vos.

Y para pedírosla bendición, os saludo arrodillado: *Salve Regina.* Dios te salve Reyna: porque este nombre (según enseña vuestro querido Bernardo) es nombre de gloria, de majestad, de poder, de gobierno, de justicia, de magnificencia, de dulzura, de piedad, de protección y de gracia: todo en Vos por nosotros, y para nosotros. *Salve Regina.*

DÍA SEGUNDO
EL CORO DE LOS ARCÁNGELES

El día habla al día: un día comunica a otro día las grandezas de Dios, dijo David; y Santo Tomás espiritualmente lo explica así: El Arcángel San Gabriel dando y proponiendo la embajada a la Virgen María

Madre Dios fue hablar el día con el día y comunicar el día el misterio de la Encarnación del Verbo Divino al día, el día Arcángel al día María. Luego este día, siendo el que cabe al Coro de los Arcángeles, ha de hablar por todos con el día María, San Gabriel Arcángel: y nosotros con el saber la preeminencia ocupación y amor de los Arcángeles.

Estos soberanos Espíritus en su Coro, fundan el amor que tienen a Dios en un singular y debido agradecimiento, conociendo que Él con más íntima familiaridad y cercanía que a los Ángeles del primer Coro les comunica particulares misterios secretos y negocios, encomendándoles la disposición ejecución y cumplimiento de ellos. Y así de verse en Dios más favorecidos se fervorizan, alientan mueven y esmeran en amarle. Este es el motivo santo de los Arcángeles.

Meditación para la mañana

En el grado que recibimos mercedes, favores y beneficios de Dios debemos obligarnos disponernos y desvelarnos en amar más a Dios imitando la gratitud de los Arcángeles. Doctrina es esta que pide atención porque sin duda conoció el Apóstol San Pablo el descuido y olvido nuestro en esta verdad, cuando pregunta a los Corintios: ¿Qué bien tenéis, que no lo hayáis recibido de Dios? Y si lo recibisteis de Dios, ¿por qué os gloriáis, como si no lo hubierais recibido, y procedéis ingratos? Avisa la obligación y el cuidado que se ha de tener en servir a Dios, según los beneficios. Y cada uno de ellos sea un centinela que despierte, y un amor que nos fervorice. Es muy de la moralidad y meditación la historia de Moisés.

Le llamó Dios a la cumbre del monte Sinaí, para darle la Ley: le asistió en aquel retirado oratorio, gozando de sus favores, secretos y misterios.

A esta ocasión el pueblo se rebeló idólatra contra Dios, formando, levantando y adorando el becerro de oro, primitivo original de la idolatría. Al punto Dios sentidamente agraviado, y gravemente ofendido, avisa a Moisés del enorme delito diciéndole que baje y, previniéndole riguroso, quería destruir, aniquilar y destrozar al pueblo.

Moisés piadoso intercedió a todos ruegos. Valieron las instancias misericordiosa indulgencia: bajó con las Tablas de piedra escritas de la Ley y a la falda del monte las quebró apedreando al ídolo demonio y fabricado becerro. Celoso y justiciero reprehende, deshace en polvos el simulacro de oro, dalo para que lo beban sus aficionados idolatras, ejecutando en ellos tan sangriento castigo que se perdieron millares de vidas. ¡Lastimosa tragedia! Pero, bien merecida.

El punto del discurso está en las acciones de Moisés: un hombre de suyo tan manso que por este título se conoce: un hombre tan intercesor que tan a instancias se puso con Dios en favor de este pueblo y hallarse después tan encendido en celo, tan celador en el castigo y tan ejecutor en las penas, es singularidad misteriosa. Diré lo que siento.

Consideró Moisés la Majestad de Dios ofendida su culto profanado y su veneración agraviada: consideró que entre todos los hombres era el más beneficiado de la mano de Dios, desde la cuna de mimbres en que le mecieron las aguas del Nilo hasta el estado en que se hallaba con favores, milagros, privilegios, honras y dignidades, y a los ojos el verse en compañía de Dios, oyendo secretos soberanos de su Ley. Conoció —era su obligación esmerarse— y el interceder pudo ser para que Dios le dejase a él el desempeño de su honra, como diciéndole: Señor esta es causa mía por las obligaciones que os tengo. Y si dispenso en lo natural de su mansedumbre, arguye mayor afecto, celo y amor, que tanto más luce cuanto más atropella: se mostró discípulo de los Arcángeles que a más favores y beneficios mayores cuidados y mayores desvelos en servir, amar y conocer a Dios.

El que llegare a meditar esta doctrina, examine luego su corazón, recorriendo puntualmente los beneficios singulares que ha recibido de Dios. Será muy fácil, si coteja el estado en que se halla con el ajeno : tú Príncipe, el otro súbdito; tú docto, el otro ignorante; tú rico, el otro pobre; tú abundante, el otro sin migaja; tú con valimiento, el otro desvalido; tú seguro, el otro perseguido; tú con salud, el otro enfermo; tú con sucesos a gusto, el otro sin acierto , que lo remedie; tú con aplauso, el otro olvidado; tú con felicidades, el otro con trabajos. Sirva cada cosa de estas de avivar tu memoria, para que te acuerdes de Dios, y te esmeres fervoroso en amarle, diciéndole agradecido lo que Job: Mi Dios, ¿quién soy yo, para que así me engrandezcáis? ¿Quién soy yo, para que me comuniquéis secretos de vuestro corazón? ¿Quién soy, para que tan temprano me visitéis con tantos beneficios?

Y de no hacer esto, puede temer el cristiano, que los beneficios y mercedes de Dios han de ser el día del Juicio nuestros mayores acusadores y fiscales. Dígalo David, que antes de oír al Profeta Natán la notificación del adulterio, le refirió, en nombre de Dios, los beneficios y favores que le había hecho, y había recibido de su divina mano: pronunció el catálogo de ellos, para que primero sirviesen de testigos, y le reconviniesen en la culpa.

Y así, cuando después le pide a Dios misericordia de su pecado, confesándose, hace memoria de que Dios le había revelado y comunicado secretos de su divina sabiduría, haciéndose él mismo cargo de semejantes beneficios.

Bien podemos, Fieles, valernos de esta meditación para dos fines: uno, a procurar ser discípulos de los Arcángeles, y desvelarnos en amar a Dios, por las mercedes singulares que recibimos de su divina mano: el otro, que si, como pecadores ingratos, nos hemos olvidado y divertido, nos confesemos, como David, y le pidamos perdón; que muy a propósito es la palabra que se sigue de la oración señalada. Ayer llamamos *Padre* a Dios; nombre de tantas misericordias: hoy digámosle: *Que estás en los Cielos*. Es decirle: Señor, y Dios mío, aunque estáis en los Cielos, es confesar, que el padre que tuvimos solo en la Tierra, que fue Adán, nos convirtió en Tierra: más Vos, como sois del Cielo, nos habéis de dar el Cielo, para que os gocemos en el Cielo. *Qui es in coelis.*

MEDITACIÓN PARA LA TARDE

El día prosigue hablando con el día; el Arcángel Gabriel con María Virgen: y también hablan del Coro de los Arcángeles, donde se reciben y espera los hombres Bienaventurados, que fueron devotos, espirituales, contemplativos asistentes en los Templos a Misa, Sermón y divinos Oficios; ganan con semejantes virtudes ser compañeros de los Arcángeles, que los reciben gustosos, y aposentan alegres en su Coro.

De manera que la devoción en las casas de Dios, sus Templos y lugares, con atención y afecto a lo que en ellos se administra, tienen por premio singular tal compañía. ¡Oh santa devoción! Mi Padre San Agustín, como maestro de devoción, la definió y declaró, diciendo: La devoción, no es otra cosa, que un afecto piadoso y humilde, que ofrecemos a Dios: humilde, por el conocimiento de nuestra naturaleza: piadoso, por la consideración de su divina clemencia; para que con lo uno merezcamos, y con lo otro esperemos. Lo que debemos esperar, y debemos hacer en esta materia, nos da la Sagrada Escritura noticias y sucesos sean en dos Patriarcas santos maestros.

Pide Dios al Patriarca Abraham en sacrificio a su querido hijo Isaac: dícele que ha de ser en un monte; que él ha de señalar. Obediente camina por espacio de tres días: pasados descubre el monte Moriá que por señas o señal tenía una columna de fuego: deja a la raíz del monte los criados sube con el mancebo su hijo y cárgalo con troncos dispuestos con misterio en figura de cruz; y él con el fuego y alfanje llegan a la encumbrada cima altar del sacrificio sin disponer lo necesario, ajusta a Isaac y víctima de su corazón desnuda el alfanje y con animosos impulsos sin temblarle los pulsos, levanta el brazo, y al ejecutar el golpe, le da voces un Ángel (San Miguel) y lo detiene en la ejecución.

Dase Dios por pagado y agradecido; pagado, pues admite la intención como empresa ejecutada; agradecido porque lo bendice, honra y promete premios colmados, pagándole de contado con ofrecerle entre las. espinas un Cordero, que substituyese por Isaac, en el fuego; (dadiva singular, siendo Imagen de Cristo, Redentor soberano) bajándole después a todo negociar satisfecho, y a todo buen suceder despachado. Vamos a contemplar a Moisés.

Pastoreaba las ovejas de su suegro Jetro; en el monte Horeb descubrió la zarza en aquel prodigio tan público: admirado dijo, quería llegar a contemplar semejante portento: resuelto se determina; determinado se acerca: Dios le da voces por boca de un Ángel (San Miguel). ¡Dichosas ocasiones encontrarnos con este soberano Espíritu! Arcángel en el título hoy día de los

Arcángeles. Mándale, que no llegue, que se descalce primero, que aquella tierra es santa: ponle en atribulados cuidados, con verse de repente la mano leprosa, y la vara convertida en serpiente, que lo retira, atemoriza y asusta.

Dos sucesos son estos, que confrontados en las circunstancias se diferencian grandemente así de parte de las personas como de los despachos. Al Patriarca Abraham lo llaman, reciben y consuelan: al Patriarca Moisés lo retiran, doctrinan y atribulan; cuando aquellos dos montes eran sagrados y profecías de los sitios y Templos dedicados a Dios. Esta fue la causa, según nos da aviso Orígenes.

Eran aquellos montes anticipadas plantas y modelos de las Casas de Dios, sus Santuarios solitarios, y retiradas Ermitas: quiso avisar de la devoción, veneración y atención que se les debe, y del premio que en ellos se granjea. Moisés, aunque santo, cuando se determinó llegar a contemplar la zarza, venía de Egipto, traía reliquias de animales muertos en los zapatos; llegó solamente por ver el milagro, sin premeditar el lugar adonde se acercaba y la tierra que había de pisar: le enseñaron primero la obligación, y después logró su deseo.

Abraham llegó al monte Moria, llamado de Dios habiendo pensado tres días el sitio que buscaba: en la falda dejó todos los criados y compañeros: previno cruz en troncos fuego y alfanje, instrumentos de mortificación: subió a ofrecer a su hijo, y en él todo su corazón, con todo afecto, devoción y resignación. Por eso le sucede tan felizmente: no le retiran, le reciben consuelan, animan recompensan, bendicen y prometen sin dilatarle la divina gratitud: que de esta manera se muestra con los devotos espirituales y contemplativos de sus casas templos y culto; pagándoles después con la compañía del Coro de los Arcángeles: como al contrario castigando a los indevotos de los Templos, divina Palabra, Oficios eclesiásticos y Sacrificio de la Misa con la cárcel segunda del infierno acompañados de los demonios que cayeron del Coro de los Arcángeles.

En Templo, Ermita y Casa de la Virgen estamos el Arcángel Gabriel es dueño del día con él prosigamos su Salutación: *Gratia plena,* llena de gracia. ¡Oh María Virgen la gracia estuvo sobre ti, en ti y de ti, sobre ti, haciéndote sombra; en ti, encarnando el Verbo; de ti, comunicándose a los fieles. Esto te pedimos. *Ave María gratia plena.*

Meditación para la noche

A los principios de la noche comenzó el día a hablar con el día, saludó el Arcángel Gabriel a María Virgen Madre de Dios. Luego bien podemos esperar, que siendo hoy día de los Arcángeles goce también la noche privilegios de día y repitiendo su mañana y su tarde en glorias y meditaciones de María. Ya dijimos como era el Archivo, Escala y Cielo de todos los Coros de los Ángeles y así tiene también Coro de sus Arcángeles, a quienes concede singulares favores, indultos y secretos de su amor y gobierno.

Llenas están las crónicas en los que ha comunicado a los Santos devotos suyos, que cotejados con otros, gozan por este camino el título de Arcángeles, y se hallan más obligados a servirla, amarla y asistirla.

No tengo de negarles este Coro, lugar y renombres a nuestros dos indios y venturosos amantes de María, que como Conquistadora y Madre espiritual engendró Ángeles, convertidos en este Nuevo Mundo, y entre todos, entresacó y escogió a estos dos varones singulares, para comunicarles los primeros secretos y negocios suyos en las fundaciones de sus dos Santuarios, constituyéndolos por sus Embajadores, platicándolos, favoreciéndolos y ayudándolos.

Yo los contemplo representados en aquellos dos Ángeles escogidos, a quienes Dios comunicó la destrucción e incendio de Sodoma. Llegáronse y le aconsejaron a Lot, saliese al monte a salvarse: y sintiéndolo negligente y dudoso, a fuerza lo sacaron, con toda su familia; debiéndoles a los dos Ángeles la seguridad de sus vidas.

Se me representan en estos Ángeles los dos indios virtuosos favorecidos de la Virgen, y que los tiene escogidos, para que perpetuamente estén convidando, llamando y moviendo a los fieles salgan de la confusión y tráfago de las ciudades, y se retiren los Santuarios, a solicitar remedios espirituales, mostrándose los dos Arcángeles privilegiados.

Si la compañía de los Arcángeles se gana con la devoción, y es el premio aquel Coro, la Virgen Santísima sabe pagar por este camino en sus dos Santuarios. Sucedió en el de Guadalupe un singular milagro. Entró un hombre y se arrodilló delante de la santa Imagen con toda devoción afecto y ternura; y estando rezando cayó sobre su cabeza una lampara grande de las que allí estaban pendientes; y siendo el golpe violento no le lastimó ni la lampara en la plata se abolló, ni el vidrio se quebró, ni el aceite se derramó, ni la luz se apagó.

Quiso la Virgen premiar la devoción cristiana de aquel su devoto, y se verificasen algunas profecías: que el aceite le fortaleció y que la lámpara de María nunca se apaga.

No fue menor el cuidado de la Virgen en su santa Ermita de los Remedios, donde estando rezando devotamente una piadosa mujer reparó en que la lámpara principal se iba apagando, por falta de aceite:

acudió a la Sacristía a los sirvientes avisándoles y pidiéndoles la reforzasen y atizasen. Respondieron que no había ya aceite.

Entonces la mujer, volviéndose a su lugar, con toda fe dijo: Poderosa es la Virgen Santísima a darlo. Y al punto vio no solo que el vaso y vidrio se había llenado, sino que con tanta abundancia rebosaba que se derramó hasta llegar a regar la Capilla mayor cuyas losas quedaron por muchos tiempos señaladas y la milagrosa lámpara perpetua limosnera de aceite, para remedios y utilidades.

Ganó la devoción y espíritu de aquella mujer el premio de la asistencia en aquel Santuario, y que se verificase, que el nombre de María era aceite derramado con que comunica amor, y convida a medicinas a los fieles.

Qué a propósito son para la noche lampara que alumbre, y el título que se sigue: *Madre de Misericordia*. En el aceite está la significación de la misericordia. Ser Madre, para animarnos eficazmente porque, aunque la Virgen es siempre nuestra por diversos derechos, el principal es este título de Madre, que con él nos hizo la donación Cristo antes de expirar: *Aquí está tu Madre*; con cada uno de sus fieles hablaba. Y así cada uno pronuncie a toda confianza de sus favores: Madre de Misericordia: *Mater misericordie*.

DÍA TERCERO
DEL CORO DE LAS VIRTUDES

María: así debemos comenzar este día tercero de la Novena: porque en el tercero de la Creación del mundo, fue el estreno del santo nombre de María, pronunciado en el nombre de Mares, que puso Dios a las aguas; mereciendo por este nombre aquel día ser mejorado entre todos los días, pues teniendo cada uno su bendición, éste tuvo dos por día tercero. Este debe gloriarse, y hacer memorias del nombre misterioso de María, para prevenirse a oír y atender lo que enseñan los Ángeles Virtudes en su Coro. Estos contemplan a Dios omnipotente y milagroso; admirando con profundidad las ocultas causas y continuados motivos de las maravillas, milagros y prodigios que obra; y se consuela, que ellos los alcanzan, porque son los Ángeles ministros para ellos; granjeando por este ministerio el título honorífico de virtudes.

Y así agradecidos de tales favores se avivan, mueven y fervorizan en amar a un Dios hombre, tan dueño de virtudes, y centro de milagros, que por mano suya se descubren, obran y publican al mundo esta materia.

En un milagro de Dios he de fundar la gratitud que debemos a todos sus milagros: en San Agustín, que considera en Dios tres causas principales de obrar los milagros. La primera, porque como es una substancia infinita, superior, retirada y escondida de nuestros ojos, quiere que por lo visible raro de los milagros subamos a lo invisible de su dueño, y que cada milagro sea una luz para conocerle.

La segunda por esmerar su amor con nosotros, y reconvenirnos con su cuidado, porque perpetuamente está obrando un milagro seguido en su piadosa providencia y soberano gobierno; más como es milagro continuo, no lo atendemos: obra otros singulares a ocasiones y tiempos: no porque sean mayores, sino por extraordinarios; y ganan atenciones, avisándonos de su amor.

La tercera para que, de lo corporal, temporal y visible de los milagros, saquemos lo celestial espiritual y divino, que nos importa. Y así el resucitar muertos, fue para que sepamos que cada día resucita a muchos con su gracia. De manera, que todo resulta en nuestra comodidad. Pasemos a la prueba, que poco ha de costamos.

Dios misericordioso, próvido y omnipotente determinó sacar a su pueblo de la penosa servidumbre de Egipto: eligió para esto al Patriarca Moisés, cuando en el monte Horeb pastoreaba las ovejas de su suegro Jetro.

Le dio facultad soberana, jurisdicción absoluta, y potestad divina: le dio por instrumento una vara, con que le halló en la mano, y al punto quiso que la estrenase con el milagro de convertirse en serpiente, que lo retira atemorizado, si después lo anima valeroso, para que llegando a la presencia de Faraón, el tirano, con la embajada y legacía de Dios, arrojando a sus ojos la Vara, se repita en escamada Serpiente, que trague y digiera las serpientes de sus encantadores, prosiguiendo con prodigios, portentos y maravillas, que obraba con ella, hasta sacar a sus recomendados cautivos.

Comenzó su viaje, y llegaron a vista del mar Bermejo, donde los caminantes, asustados así de lo imposible del pasaje como de la instancia de los egipcios, que les seguían el alcance; tanto que quisieran haber quedado en las penalidades de atareados en el cautiverio, y no verse en las ansias y estorbos de aquel piélago; porque siempre los males se aprecian por lo presente, como los bienes por lo pasado.

Valióse de la vara Moisés, partiendo el mar en calles reales, no solo muradas de los cristales de las aguas, sino sembradas de las flores de lo profundo. Los Israelitas pasaron, y los egipcios perecieron, perdiendo allí las vidas: quizás para que conociesen aquellos el beneficio que en las desdichas ajenas debemos estimar felicidades propias. Prosiguen victoriosos, fáltales agua, crece la sed, agravase el trabajo por lo despoblado del sitio y desierto eriazo; claman a Moisés, éste clama y reclama a Dios, pidiéndole remedio; y fue, que tocando con la vara un pedernal macizo, en lugar de rociar con centellas, se deshizo en raudales copiosos, aguas bastantes para que bebiesen y viviesen aquellos exasperados sedientos, siguiéndolos la piedra, que, descortezada de su peñasco, les sirvió de fidelísima compañera, portátil fuente, y manantial inagotable.

Después la vara en concurso de las varas refloreció, ganando la dignidad sacerdotal, adjudicada a Aarón, y guardada con las insignias frescas de hojas, flores y fruto, para que fuese pacificadora perpetua y predicadora, en epílogo, de todos los milagros. Bien considerada diligencia, habiendo sido tales y tantos, y todos a soberanos fines y caritativas comodidades de los hombres. Así lo entiendo.

El milagro primero de la vara obró Dios para animar a Moisés a empresa tan grande, y empeño tan dificultoso, y que cobrase amor a la redención de aquellos miserables. Los milagros en Egipto, para solicitar y mover a Faraón rebelde, y a sus idólatras crueles, a que se convirtiesen y conociesen al verdadero Dios. Los milagros en el viaje, para obligar a los hebreos, y mostrarles el amor entrañable que les tenía, y acudiesen a servirle, asegurando su remedio.

El milagro último, y conservación de la Vara, para que no se les olvidase, como Dios era milagroso en sus comodidades, y para reconvenirles de ingratos (que no hay fiscal tan ejecutivo, juez tan desapasionado, información tan plena contra la ingratitud, como el beneficio siempre a los ojos).

De manera, que los fines y motivos de Dios siempre fueron en orden al remedio (como lo son) con nosotros; y nos predica San Agustín, reconocido, y nos enseñan los Ángeles virtudes. Nosotros comencemos a estimarlos confesarlos y agradecerlos con la palabra que nos cabe: *Sanctificetur nomen tuum:* Santificado sea tu nombre. Puesto que todos los milagros se obran en el nombre de Dios, que por eso la vara de Moisés le tenía escrito y en él les vinculó Cristo a sus discípulos la potestad de milagros, invoquemos lo milagroso: *Santificado sea tu nombre.*

MEDITACIÓN PARA LA TARDE

María pronuncia la tarde para gozar la bendición segunda del día tercero: y con el nombre dulce de María obligar a los Ángeles Virtudes prosigan ensenando. Así lo hacen, animando y ofreciendo su compañía a las almas que, sobre las virtudes referidas, se esmeran en la caridad, paz, conformidad y unión con los próximos: sin que agravios los inquieten injurias los enciendan ni oprobios los exasperen para sentirse, ni para vengarse.

Grand virtud piden las Virtudes para su compañía, por ser el fundamento de las virtudes. Formemos al hombre a nuestra imagen y semejanza, dijo Dios.

Obró lo que determinaba: y creado Adán del barro en el campo Damasceno lo trasladó al Paraíso vergel de los deleites, y Corte primitiva de su Imperio. Viéndole solo, juzgó que le faltaba la mejor y más dulce compañía semejante a quien era. Le envistió de un sueño y éxtasis profundo dando lugar a que de una costilla formase a Eva su legítima esposa.

Despertó y halló en su presencia la criatura más bella que pudo imaginarse: y admirado al punto se le aficiona y como rendido amante, la requiebra diciéndola, que ya es hueso de sus huesos y carne de su carne: protestándose perpetuo compañero sin que cosa del mundo la pueda preferir.

Mas poco le valieron a Adán tan tempranas finezas y madrugados requiebros: pues Eva lisonjeada los olvida e interesable los malogra.

¡Oh qué dolor, habiendo sido todo misterios soberanos! Porque Dios, para criar todas las criaturas se valió de un *fiat* y para formar al hombre del *Faciamus,* que dice la conveniencia de las tres Divinas Personas. Y estando Adán en toda felicidad, le dio por realce y cómputo de ella la compañía de Eva sacándola de su misma porción y naturaleza, pudiéndola criar de otro pedazo igual y distinto del barro ya escogido.

Y es cosa rara que cuando Adán la ve apartada y fuera de sí, entonces la aclama por más suya prometiéndola su asistencia. Y al fin, que el origen de Eva fuese del lado de su esposo, todo fue a un fin, según mi discurso que no tiene el concepto ni más padrino, ni más dueño.

Creaba Dios en Adán y en Eva a los primeros padres de los hombres, y quiso formarlos y fundarlos en unión, paz, conformidad y caridad divina: los formó a imagen de la Santísima Trinidad; la unión más soberana que puede imaginarse.

En lo natural eligió la misma naturaleza de Adán , que para la compañía fuese motivo singular: y cuando la ve fuera de sí mismo, entonces la reconoce por más suya, porque no se presumiese división: y todo fundado en el lado del corazón, de donde la saca; que como es el sitio del amor $_3$ tengan siempre raíces de amor, paz, caridad, unión y conformidad : y sepan sus herederos los hombres, que esta virtud es la primera para vivir y pretender la compañía del Coro de las Virtudes, que está diputado para las almas unidas en caridad; como al contrario la cárcel, que corresponde en el infierno para los sangrientos y vengativos.

¡Oh María Virgen, que a tiempo nos decís y predicáis esta virtud con la palabra de vuestra salutación *¡Dominus tecum!* El Señor es contigo, en el corazón, en el entendimiento, en el vientre (así lo explica San Agustín) con que perpetuamente estás unida con Dios, y Dios en ti: *Dominus tecum.* Y prosigue Santo Tomás de Villanueva: Está contigo en el cuerpo, en el alma, en tus obras, en tus pensamientos, en tu amparo: en ti cuando naces, en ti cuando vives, en ti cuando mueres, en ti cuando reinas en el Cielo.

MEDITACIÓN PARA LA NOCHE

María reclama a voces altas la noche: porque habiendo oído al día tercero, que en su mañana y tarde alega el privilegio y posesión primitiva que tiene del nombre santo de María, quiere intimarle el reconocimiento que le debe, como los otros días, que le entreguen al comenzar la noche el nombre de María, en quien ofrecen las dos meditaciones de la mañana, los milagros, y de la tarde, la caridad: porque con estos dos títulos prometió el Espíritu Santo a María Virgen, por boca de Isaías, diciendo, que había de dar un milagro, dando a una Virgen, que permaneciendo tal, pariese un hijo, cuyo nombre fuese Emanuel.

En lo primero, la canoniza por el milagro de todos los milagros en la ley de gracia: y en lo segundo, la confesó archivo y maestra de unión, paz y concordia, pues en su nombre se había de efectuar la más excelente (la de la naturaleza divina y humana) y con ella el poder gozarla los hombres; pues el nombre de Emanuel significa *Dios con nosotros;* para que nosotros nos animemos a unirnos con Dios, y en Dios con nuestros próximos en caridad cristiana.

Mostró María Santísima estas dos excelencias en sus devotísimas imágenes. Repitamos los jeroglíficos de la mañana y la tarde: el de la vara milagrosa; en ésta se representa María Virgen, en aclamación de sus devotos; pues considerada en su principio le tuvo en el monte Horeb, entregada a Moisés, para destruir las serpientes y aniquilar la idolatría de Faraón y los suyos.

En esto podemos venerar la santa imagen de los Remedios imagen de talla con el nombre de Dios (en el Niño Jesús que tiene en sus brazos) sirviendo de vara que destruyó al demonio, Faraón de la gentilidad de este nuevo mundo, y entregándose en manos de un Moisés (el Indio Don Juan). Después la vara epilogó y cifró sus milagros en florecer y adjudicarse al sacerdote Aarón.

Aquí está vivamente figurada la imagen dulcísima de Guadalupe, aparecida y pintada de flores, y entregada a otro Juan, (Aarón propiamente) pues con singular misterio la llevó y entregó al Aarón consagrado de la santa Iglesia de México Don Juan de Zumárraga, que con el sobrenombre tuvo misteriosa posesión anticipadamente; porque Zumárraga es lo mismo que vara florida de mimbres: en que mostró la Virgen Santísima ser milagro de milagros, y escoger dos Ángeles virtudes, dos indios virtuosos, que se ocupen en contemplarla milagrosa, y ser ellos los primeros ministros de sus milagros.

En Eva tuvo la naturaleza humana la primera doctrina de la paz, unión y conformidad. Estuvo primero en Adán, y dormido, que es imagen de la muerte, la ofreció de sí mismo, siendo el primer sitio y aparición en el Paraíso de flores. La Virgen de los Remedios vino de España en poder y aliado de un conquistador soldado, llamado Juan de Villafuerte: vino guardada en la manga de un gabán o capote de campana, como dádiva preciosa y reliquia del Cielo, por mano de otro hermano suyo.

Murió el venturoso poseedor, y de su muerte se ocasionó quedarse en el monte de los Remedios escondida muchos años.

Después se apareció en su imagen de Guadalupe. Fue propiamente una Eva nacida y formada de un Adán dormido, aparecida la primera vez entre flores, con tanta conformidad, conveniencia y concordia que, cotejando todas las circunstancias, la predican; porque para las apariciones de estas sus dos imágenes, eligió la Virgen dos montes vecinos, que perpetuamente confrontados, se están mirando y contemplando gloriosos, como los dos milagrosos Thabor y Hermon. Los dos indios, hermanos en la nación y en el nombre de Juan: la planta una misma, el maguey, en que asistió y se apareció en el monte de los Remedios; y de esta planta generó y se tejió la manta humilde en que se apareció y estampó la de Guadalupe.

Todo hermandad, paz, unión y concordia: tal que recorriendo historias de esta tierra, el principio de las guerras entre los reyes gentiles fue la discordia, en un ídolo, que tenían vestido de piel humana, que llamaban la Diosa de la Discordia: y como la Virgen vino a pacificar, conformar y unir en caridad cristiana, dispuso sus imágenes en ella, con que nos la predique, y donde la aprendamos.

Y si los milagros suyos nos animan, fervorizan y amparan, su ejemplo nos enseña cristianamente, para merecer la compañía del Coro de las Virtudes, y vivir con ellos, pues es nuestra vida: *Vita*. Vida es el epíteto que se sigue, tan suyo, que el haber inclinado Cristo la cabeza para morir, fue estar la Virgen al pie de la Cruz, y depositar en ella su vida: para que quedando por tesorera de la vida fuese perpetuamente nuestra vida,

Día cuarto
El coro de las Potestades

¡Oh lo que puede un ejemplar! Se valió el día pasado del número tercero, para pedir ser propiamente dedicado a la Virgen María: con que no se le puede negar al de hoy el derecho que tiene por cuarto; porque alega en el de la Creación del mundo, que la luz., que estaba creada en el primero se descubrió y comunicó en los astros: Sol, Luna y Estrellas en el cuarto y se les dio título de potestades del día y de la noche. El nombre devotísimo de María significa: *la que alumbra*: es nombre que atesora la luz,

Y así hoy es cuando se estrena la etimología misteriosa y más cayendo en suerte al Coro de los Ángeles potestades. Estos se ocupan en contemplar, venerar y admirara Dios hombre en el misterio de haberse humillado a que le crucificasen: considerando la potestad y. fortaleza que así tiene para destruir y vencer a los demonios, favoreciendo asistiendo y guardando a los hombres: advierten, que. a ellos les da facultad para salir a esta demanda y ahuyentar a las potestades del infierno en defensa y amparo de los suyos. Agradecidos de semejante ministerio se glorifican, mueven y fervorizan, como con singulares motivos en el amar a Dios.

Meditación para la Mañana

Al paso que se reciben los beneficios de la mano de Dios debe ser nuestra correspondencia y gratitud. Luego este Coro de las Potestades nos reconviene dobladamente a que le amemos, sirvamos y veneremos: pues no se contenta con ser él quien nos defiende, guarda y asiste, sino que sería la con divina y amorosa providencia sus Ángeles ministros, que lo imiten, sigan y obedezcan en nuestro amparo.

¡Oh qué bien supo el Santo Job el título que le dio a Dios! ¡Oh guarda de los hombres! Le dice: justamente; pues conoció el alma santa, con los desvelos, cariños y vigilancia que la guardaba entre sus brazos, acogiéndola y defendiéndola el sueño a todo descanso; y así publica que, si ella dormía, su corazón velaba. La prueba en las experiencias.

Cerca de la Ciudad de Genezareth le salieron al camino a Cristo dos hombres endemoniados, cuyos ministros demonios no solo eran crueles con ellos, en atormentarlos penosamente muchos años, sino que perjudicaban a los pasajeros y caminantes, siendo tan atrevidos que lo primero que pronunciaron fue quejarse de Cristo, que antes de tiempo venía para expelerlos.

¡Oh tiranía del demonio, que tantos años de asistencia la juzgaba por breve! Preguntóle Cristo al demonio su nombre, y respondió, que se llamaba Legión, porque eran muchos (grave término, una legión de demonios, que monta en número seis mil seiscientos y sesenta y seis). Viendo que habla de ausentarse, dejando aquellos desdichados cautivos, le pidieron a Cristo los dejara introducirse y entrarse en una manada de animales de cerda, que estaba tendida en la ribera del lago de Genezareth.

Les dio permiso y embistiendo con aquellos groseros animales, al punto rabiando a toda fuerza, y furiosos a toda violencia se precipitaron en las aguas, ahogándose en ellas. ¡Suceso prodigioso! Referido por tres Evangelistas, y reparado de muchos en dos circunstancias de él. La primera cómo habiendo asistido y atormentado a estos hombres una Legión de demonios, no los aniquilaron; y al punto que se embisten en los animales, se revisten de furias, y los destruyen.

La segunda, el cuidado de Cristo en preguntarle el nombre a este demonio: pregunta singular, que no hizo con otros.

A la primera, responde San Pedro Crisólogo, que no fue descuido del demonio, ni treguas de su crueldad, en no. destruir ni destrozar a los dos hombres en tantos años, sino estar asistiendo Cristo, como guarda real, centinela incansable, e infatigable protector: y dar con esto noticia al mayor pecador que, aunque se vea cautivo de legión de demonios y pecados, no le ha de faltar su custodia: y obligar con esto a los cristianos a que se animen a convertirse, arrepentirse, reducirse, remediarse y consolarse: pues él, como guarda, que desea la conversión, está en la defensa.

A la segunda, satisface el Abulense y San Gregorio Niseno: que preguntando Cristo el nombre, descubrió el demonio la obstinada oposición, que tiene contra Dios, y apostemados rencores contra el hombre; y al contrario Cristo, la anticipada defensa en favorecernos, y la seguridad en ampararnos.

Nace Cristo y se declaran los Ángeles con título de Ejército; y después el mismo Señor los honra con título de Legiones, cuando dijo que su Padre Eterno, si quisiera, le enviaría ministros Ángeles, en número de más de doce Legiones, pues el demonio se adjudica el título de Legión, por oponerse a Dios en el poder, y amedrentar a los hombres con el número. Mas nuestro Dueño santísimo, como guarda vigilante, nos consuela con que anticipadamente tiene Legiones de Ángeles ministros, que por su orden salgan a la defensa.

Es tanta verdad, que se debe atender y advertir doctrina de San Vicente Ferrer: dice, que de los Ángeles malditos que cayeron algunos de ellos, y los menos, bajaron al infierno a ser verdugos de las almas de los condenados: otros se quedaron entre nosotros, a tentarnos: y todo el resto se quedó en los aires, en tanto número, que son como los átomos del Sol; donde estarán hasta el día del Juicio. Estos asisten, como piratas, corsarios y rebelados, esperando a las almas que suben al Cielo; más cuidadosos los Ángeles, como custodios de título, las acompañan: con que los demonios, atemorizados, huyen, se ahuyentan y retiran. ¡Oh soberano beneficio de Dios!

Tal, que el dulcísimo San Bernardo declarándolo, confiesa y dice que todas las veces que llegaba a considerar y meditar, que Dios es nuestra guarda perpetua, y centinela vigilante, se regocijaba su alma, y rebosaba en espirituales júbilos.

Muy duro será el corazón, muy tibio será el espíritu, muy desahuciado será el entendimiento que no medite esta misericordia. Y no solo aprenderán a amar a Dios, como discípulos de los Ángeles Potestades, sino a serles agradecidos, pues como si fueran sus propios intereses nos guardan; y con esta consideración nos fervorizaremos más en el amor de Dios, a quien podemos decir lo que Job, en el lugar citado: aclamó a Dios, por guarda de los hombres y después reconocido, confesó, que le debía el vivir, por el cuidado con que le guardaba.

Ajustadamente llega aquí la palabra y petición del Padre nuestro: *Adveniat regnum tuum*; venga a nosotros tu Reino. Es pedir: Eterno Padre, reinad en nosotros, para que nosotros reinemos en Vos; porque antes reinaba en nosotros el pecado, el demonio, la muerte, y nos tenían cautivos; más reinando Vos, perecerá el pecado, se destruirá el demonio, y morirá la muerte. Así lo explica San Pedro Crisólogo: es pedirle que prosiga en ser nuestra guarda, y presentarle de nuevo el cuidado en sus Ángeles Potestades. *Adveniat regnum tuum*.

Meditación para la tarde

En el grado que los amorosos cuidados y desvelos piadosos de los Ángeles Potestades son en nuestro favor y comodidad, debemos desear pretender y solicitar su santa compañía y asistencia en su Coro ; porque en él se reciben las almas fieles j que sobre las otras virtudes se esmeran en ser pacientes y sufridas , y que mientras vivieron en trabajos , penalidades y tribulaciones , no se afligieron ni exasperaron en su corazón contra Dios; antes se conformaron dulcemente con su divina voluntad: a estas reciben las Potestades en su Coro: justo premio a tan heroica virtud.

Oigamos predicarle al Apóstol San Pablo o Dios escogió a los predestinados, conformes y parecidos y semejantes a la imagen de Cristo, su Hijo primogénito entre todos ellos. Batablo con ingenioso cuidado reparó en qué consiste esta semejanza y conformidad cuando hay en Cristo tantas excelencias que seguir é imitar r y resuelve que en él padecer sufrir y tolerar con paciencia trabajos y tribulaciones y penas conformándose con la voluntad de Dios y dándole gracias, esperando el remedio de su misericordia.

Grande virtud, grande, perfección grande trofeo; pues siervo el Hijo de Dios Cristo su imagen tesorero de la Divinidad, y archivo de las virtudes, el primer cuidado es que sepan conformarse en el sufrir y padecer: y como son los hombres de ánimo tan corto, y estrecho corazón que cualquier trabajo los aflige, cualquier tribulación los contrista, cualquier incomodidad los desabre, cualquiera pérdida los rinde: prosigue el Apóstol, haciendo un catálogo de todas las penalidades del mundo y halla, que ninguna de ellas, ni todas juntas son bastantes para apartarnos del amar a Dios.

Si las padecemos mirando a Dios., y conformándonos en Dios: pues es un Dios, que sabe acudir en el mayor aprieto, y premiar al que sabe sufrir. Recorramos pasados siglos ¿Qué tribulación como la de Josef, por mano de sus hermanos envidiosos? ¿Qué angustia como la del Rey Ezequías, enfermo y desahuciado? ¿Qué hambre como la del Profeta Elías? ¿Qué peligro como el de Daniel? ¿Qué aprieto como el de Jonás en el vientre de la Ballena?

Y todos, sufriendo, se remediaron, y padeciendo vencieron. ¡Oh santa conformidad con la voluntad de Dios, insignia propia de predestinados! Dichosos los que saben gozarla, para merecer la compañía de las potestades y librarse de la cárcel del infierno que corresponde y está situada para los impacientes en sus enfermedades y trabajos y que desesperados se irritan contra Dios.

¡Oh bendita María! Infinitas veces *Benedicta tu in mulieribus,* que aunque siempre te conformaste con Dios en todas tus acciones, singularmente en el sufrir, penar y padecer: pues en el Calvario fue una misma su voluntad y la tuya, ofreciendo el sacrificio de la redención tú con sangre de tu corazón, y él con la de su Cuerpo. *Benedicta tu.*

MEDITACIÓN PARA LA NOCHE

La luz que el cuarto día se repartió en los astros no fue para que solamente se comunicase de día, sino que también alumbrase de noche. Luego si el nombre santo de María es el que atesora la luz podemos ir seguros que en la noche de este cuarto día ha de alumbrarnos, y en su misma luz verla, contemplarla y venerarla en las dos excelencias de la mañana guarda nuestra, asistiendo y maestra nuestra, sufriendo en la tarde. Entre los amorosos epítetos con que el Espíritu Santo requiebra a María Virgen, su Esposa, es uno superior:

Eres hermosa y suave como Jerusalén, terrible y poderosa, como los ejércitos bien ordenados y prevenidos para la batalla. Títulos todos misteriosos, y en la confrontación singulares: Hermosura, Suavidad, Milicia y Batalla.

Y así con ingenio los explica Guillermo, diciendo, que estos ejércitos en orden son de los Ángeles, que tiene Dios prevenidos contra las potestades del infierno, para que defiendan a los hombres: pues quiso que se supiese, que María Virgen era nuestra guarda y defensa terrible y poderosa contra los infernales espíritus: y que si de la presencia de los Ángeles santos y potestades custodios, se atemorizan, asustan, huyen y se retiran, más vivamente han de temer a María. De tal manera, que si de una parte se pusieran todos los ejércitos de los Ángeles buenos, escogidos defensores, y de la otra María Virgen, valía tanto ella sola, como los otros unidos y conformes.

Ella es la que mejor nos puede enseñar el cuidado y custodia de Dios, para amarle. Bien lo mostró en sus dos imágenes milagrosas. En la de los Remedios, viniendo de España, acompañando al ejército cristiano de los primeros conquistadores de esta tierra; los cuales animosamente celosos de la honra de Dios y de María, hallando en la Ciudad de México un Templo suntuoso, y en lo alto colocados ídolos, en el número muchos, subieron, y los derribaron; situando a la imagen santísima: y cuando los demonios, viéndose de los indios idólatras como agraviados, pudieran acometer y destrozar a los Católicos Españoles, no se atrevieron, que como estaba con ellos su defensa y custodia, se aterraron legiones de demonios ídolos.

No fue menor el cuidado de María Virgen en su imagen de Guadalupe, eligiendo aquel monte, donde veneraba y sacrificaba la idolatría y gentilidad aun ídolo, que llamaban la Madre de los Dioses; ídolo superior en el nombre , porque tenían para cada día un ídolo distinto: quiso que el sitio del mayor demonio se conquistase , expeliéndolo: sentimiento para él tan grande , que le veían y oían en traje de una india, lamentando esta poderosa expulsión de aquel monte, antiguo altar de su culto sacrílego.

No es menor el magisterio de su paciencia y sufrimiento: porque cuando los españoles derribaron los ídolos, y colocaron la santa imagen de los Remedios, se enfurecieron los indios, y pretendieron quitarla, valiéndose de lazos y maromas, con que la ataban y tiraban, sin poder moverla.

Después atrevidos, acudieron a las piedras, para arrojárselas, y de los arcos y flechas, para asaetearla: y estuvo tan piadosa, que pudiendo allí aniquilarlos, no quiso; antes misteriosamente, por los mismos instrumentos de los agravios, les favoreció y redujo, en su imagen devotísima de Guadalupe: porque el monte, donde brotaron las flores, es todo piedra dura, maciza peña, y empedernido risco: convirtió las piedras que levantaron contra ella en flores hermosas ,y primavera del Cielo: los lazos y maromas eran torcidas y formadas de los hilos del maguey, que es la planta de donde los indios se valen para esto ; quiso que de maguey y sus hilos fuese la manta, donde hoy permanece pintada: y que los hilos y lazos con que querían derribarla, fuesen perpetuamente lazos de caridad, en que atraerlos y ganarlos: dándoles a entender, que los lazos que ellos le habían puesto no habían tenido fuerza; y que los suyos sí, para tenerlos como a herencia gloriosa.

Las saetas desempeñaron con el primer milagro del día de su colocación en Guadalupe; porque festejándola los indios, uno despidió una flecha, que atravesó a otro el cuello, dejándole muerto: y puesto en la presencia de la Virgen, se la sacaron, cobrando vida, y dejando solamente las sería les de las heridas. Pagó por agravios beneficios, para que en sus dos santas imágenes veamos lo que la debemos, y lo que hemos de imitar, para ser compañeros de las potestades. Y aunque siempre llegan a propósito las palabras con que la imploramos, es muy ajustada la siguiente: *dulcedo,* dulzura; pues apareció en flores, de donde los panales se labran: y esta dulzura para nosotros. *Salve dulcedo.*

Día quinto
Del coro de los Principados

María todos los días quieren estrenarse con este sagrado nombre, y principalmente el quinto; valiéndose del derecho del día tercero y cuarto.

En el tercero se pronunció el nombre de María en las letras con que se declararon los mares y aguas congregadas. En el cuarto se descubrió su etimología con la luz repartida en los astros.

En el quinto de la Creación del mundo creó Dios de las aguas las aves, símbolo de las almas que habían de volar al Cielo: con que forzosamente aquellas aguas con el nombre de María, la declararon Madre de los fieles, reengendrados en gracia. A cuya causa en este día quinto el nombre de María dice y publica los efectos soberanos de su dueño, para que de ella veamos volar otras aves superiores, a los Ángeles Principados.

Estos contemplan a Dios como a principio de todas las cosas en que tiene omnipotente el dominio, imperio y principado absoluto, derribando soberbios, y levantando humildes: contémplanse así mismos, como a escogidos ministros, en el honorífico título y renombre de Principados, para que por él dispongan, gobiernen y repartan las dignidades, gobiernos y prelacías: y de lo uno y otro, entendidamente agradecidos, gloriosos se esmeran y fervorizan en el amar a Dios,

MEDITACIÓN PARA LA MAÑANA

No hay más poder que el de Dios, con él derriba a los soberbios, y levanta a los humildes. Esta será la meditación muy para considerarla. Llegó Moisés, con su hermano Aarón, a la confusa corte de Faraón. Propusieron la embajada y divino decreto, cerca de la libertad de su Pueblo: y para comenzar a reducirlo, arrojó la vara milagrosa en su presencia; la cual al punto se convirtió en serpiente horrible, escamada en el cuerpo, y en los movimientos valerosa sin que su dueño se asustase.

Llamó el tirano monarca a sus sabios: estos, atrevidos, arrojaron sus varas, y también se convirtieron en Serpientes, a quienes la de Moisés embiste, traga, destroza, digiere y aniquila con animosos alientos; reproduciéndose después en su antigua forma, ser y figura, en vara; quedando gloriosamente victoriosa: justamente, pues una prevaleció contra tantas; Moisés y su hermano contra todo un concurso de poderosos apasionados. ¡Grande misterio! Ponderado del Abad Ruperto, y declarado agudamente.

La vara de Moisés se convirtió verdadera y realmente en serpiente; las varas de los sabios no, sino por encantos del demonio se vistieron de aquella forma, figuras y apariencias, que fácilmente se desvanecieron a los ojos. Fue soberana permisión de Dios: porque como era aquel lance de poder a poder, del poder de Dios, y del poder de Faraón; véase, que el poder de Dios es siempre en su ministro verdadero; y el poder de Faraón y los suyos es fingido, aparente y mentiroso: prevalezca una vara de Dios contra muchas de los hombres; y desengáñense todos, y principalmente los que desvanecidos se hallaren con varas, dignidades, poderes, mandos, gobiernos, oficios, favores y lisonjas de sus ministros, conociendo, que solo Dios es el que puede, el verdadero Principado, con Ángeles Principados, que lo ministran, asisten y sirven.

El poder de Dios, y el que da a los Ángeles para gobernar y repartir, es fundado en la mayor justicia y providencia, como es derribar soberbios, y levantar humildes; que si el poder de Dios no se ocupara en esto ¿quién pudiera sufrir a un soberbio? ¿Y qué esperanzas pudiera tener un humilde cuando vemos que, en el poder humano, un soberbio ignorante, un desvanecido zafio, un favorecido lisonjero, un dadivoso por su comodidad, prevalece, prefiere y tiraniza? Y un humilde compuesto, benemérito a toda raíz, útil a todo trabajar, sufrido a todo padecer, perece se olvida y se persigue.

¡Oh mi Dios! La aplicación a Vos, el consuelo por Vos y el remedio de Vos ¿pues lo dejasteis pintado en jeroglífico y descifrado en experiencias? Un árbol que, se descollaba a las nubes ufano en troncos y rozagante en ramas, tan desplegadas y tendidas, que si la tierra era límite corto para espaciarse en las raíces, el aire breve esfera a sus hojas; narciso de sí mismo, desvaneciéndose de hermoso, vanagloriándose de gigante y asegurándose de verde, escribiendo esperanzas, sin temor de los tiempos que saben fácilmente borrarlas en los bronces y marchitarlas en los árboles, estaba haciendo sombra a bestias y animales que gozaban gustosos albergue fresco y amparo a todo abrigo; sobre sus troncos aves cantoras que asistían, o lisonjeándole la felicidad o valiéndose de aquel puesto para dar envidia a otras y que en árboles pigmeos anidaban pobres y sesteaban temerosas de repente se oyó una voz del Cielo, que mandó derribar el árbol reservándole las raíces.

Al punto se ejecutó la sentencia a todo destrozo, admiración y estruendo: tragedia penosa de los que lo asistían (que confianzas en abrigos humanos siempre rematan con infelices penalidades). Este fue Nabucodonosor: se vio primero en imagen retratado, después en experiencias castigado para que en uno y otro quedase al mundo ejemplo y noticias que sabe Dios derribar y destrozar soberbios poderosos, como él se mostraba, y levantar humildes, como después le sucedió; restituyéndose a ser de hombre, quien se vio transformado en bestia.

Eso, sin duda, quiso enseñar Dios omnipotente, en mandar que se quedasen raíces, que como de los árboles son las más humildes, olvidadas y sepultadas, sabe de ellas mandar que renazcan en hermosos árboles y floridos pimpollos, por humildes: y que conozcan los hombres, que es Dios Dueño, Señor y principio, que en el más riguroso castigo deja las esperanzas de su misericordia para nuestro remedio.

Humilde, experimentado y agradecido confesaba San Agustín estas verdades, diciendo, que en el estado de sus engaños se había visto cedro empinado, dilatado en troncos, desvanecido en ramas, aplaudido a lisonjas, y estimado en el mundo; que se vio soberbio. Más sin pensar la voz de Dios le derribó poderosa y piadosa lo levantó, mejorándole en oliva fructífera en su Iglesia: medró por humilde, lo que no granjeara soberbio. ¡Qué buen Maestro! ¡Qué buen compañero de los Ángeles Principados!

Para enseñarnos a conocer, que no hay otro poder sino el de Dios, con que derriba soberbios y levanta humildes; y que, si desvanecidos nos ensoberbecemos, humildes nos reduzcamos, temiendo el castigo de los soberbios y esperando el premio de los humildes por mano de nuestro Dueño soberano Señor Dios: a quien podemos muy a propósito en esta mañana decirle: *Adveniat regnum tuum.*

Venga a nosotros Señor, tu Reino, pues solo Vos sois el Rey, que tiene Rey no verdadero; y en él y como tal Rey de absoluto poder castigáis soberbios y premiáis humildes. Pediros vuestro Reino, es pediros venga vuestra gracia a nosotros. Así lo pide mi padre, San Agustín.

Meditación para la tarde

María es la congregación de las divinas aguas, de donde se levantaron y comenzaron a volar esta mañana las aves Angélicas, con el título de Principados; y como aves de tales aguas, muestran lo remontado de su vuelo, pues no lo han suspendido, ante el sonido de sus alas nos llaman y convidan para que vuelen con ellos a su Coro, donde esperan y reciben a las almas virtuosas, que se esmeran y aventajan en la caridad, misericordia y limosna a los pobres y necesitados, preciándose más de repartir cristianos, que de atesorar avaros.

¡Oh qué ajustado les viene el nombre de Principados y Ministros de Dios para gobernar y repartir! Pues en los Príncipes soberanos la primera propiedad ha de ser la misericordia y generosidad: y así estos celestiales Espíritus, llamándose Príncipes, se inclinan a los misericordiosos, caritativos y limosneros, que con ellos tengan premio de virtud tan heroica.

¡Qué temprano comenzó Dios a elegir para sí al santo Patriarca Abraham qué cuidadoso prosiguió en defenderlo, y qué liberal se declaró en honrarlo! Se dignó de visitarlo en su pequeño tabernáculo, disimulado en tres Ángeles, y estos en tres hermosos mancebos, que dijesen y representasen las tres divinas personas, asistiendo a la mesa, que les puso: entonces le prometió a Isaac, dispensando dificultades de la naturaleza, y permitiendo que se reiterase en generación, llegando a ver logrado el unigénito de su corazón.

Después se lo pide o porque se conociese el natural dadivoso del Patriarca, o por repetir nuevos favores, en los que le prometió por la empresa. Cuando se despide de su casa, no sufre ocultarle misterios, declarándole los de aquella jornada. Y al fin, cuando muere, lo hace fundador y dueño de aquel seno, lugar substituto de la Gloria; pues pudiendo llamarse de Dios, se llama de Abraham.

Todo bien merecido a su santidad, más principalmente granjeado, por haber sido caritativo, limosnero y misericordioso con los pobres y peregrinos; cuyo amor lo tenía en el campo hecho atalaya de la piedad, y hospedero de la misericordia. Hablo con doctrina de mi San Agustín: y saco, que justamente se esmera Dios con él, en lo temprano de escogerlo, en lo cuidadoso de asistirlo, y en lo raro de favorecerlo.

Tanto, que cuando aquel discreto poderoso, aquel Príncipe de los publicanos Zaqueo, recibió a Cristo en su casa a su llamado, y reconocido a sus deseos, habiéndolo hospedado y adornado su casa de pobres, que buscó diligente, la paga y gratitud de Cristo se redujo y declaró llamándolo hijo de Abraham: que hombre tan misericordioso ha de dejar perpetua su memoria, y tener en el Cielo señalado sitio solariego de caridad y que si los Principados o Príncipes Ángeles esperan a semejantes almas, la gloria del título quiso Dios dársela también pues en ocasión así lo llamaron Príncipe de Dios.

Grandemente conviene esta experiencia para seguir y procurar los fieles ser misericordiosos, caritativos y limosneros con los próximos, para merecer la compañía del Coro de los Principados en el Cielo; y temer en el infierno la cárcel que corresponde a los malditos, reservada para los crueles, codiciosos, avarientos, usurarios y usurpadores de los bienes de los difuntos. Palabra es expresa de San Vicente, y que se debe reparar: *Usurpadores de los bienes de los difuntos.*

¡Oh María Virgen! Siempre os aclamamos misericordiosa y limosnera más con toda propiedad, cuando os decimos: *Benedictus fructus ventris tui Jesus*, Bendito el fruto de tu vientre Jesús. Que, si con lo primero se declara, que es de derecho nuestro; con el nombre *Jesús* confesamos, que nos le dais para nuestro sustento, vida y remedio.

Meditación para la noche

Las aves se crearon de las aguas, volaron ligeras, y labraron nidos, en qué acogerse en las noches. No les falta esta diligencia a las aves Angélicas, que hoy han nacido y volado de las aguas y nombre de María porque entre sus misteriosas etimologías, una es: *Princesa con Dios.* Y así volando de María, como de congregación de aguas, se anidan en María, como en Princesa de sus Principados. Esta noche pasarán gustosos, oyéndola predicar los dos puntos, de la mañana y la tarde.

El de la mañana fue, que Dios es omnipotente divino, para derribar soberbios, y levantar humildes. Y el de la tarde, procurar ser misericordiosos para ganar la compañía de los Ángeles Principados. Uno y otro está cantando María perpetuamente en *su Magnificat,* a voces: avisando, que el brazo de Dios es el fuerte para aniquilar a los soberbios, y engrandecer a los pequeños humildes y que su misericordia nunca se agota; antes se perpetúa hasta la eternidad de los siglos, y sus generaciones; comprobándolo en sus dos esclarecidas imágenes, según he discurrido.

Aquel insigne Capitán del Pueblo de Dios, Baraac, habiendo de salir a su desempeño, y batalla publica con Sisara, General de Jabín, le pidió a la famosa Profetisa Débora, que él saldría con toda confianza, llevándola por su compañera.

No lo rehusó, admitió el asistirle, adviniéndole que aquella victoria y su trofeo se le había de adjudicar a ella; no por vanagloria, que pretendía, sino por la gloria de Dios, que se conociera omnipotente, con ver triunfante a una mujer contra enemigos tantos. Salieron y llegaron al monte Tabór, donde se alojaron como en frontera. De allí bajaron: diose la batalla tan animosamente, que Sisara se puso en huida: llegó al tabernáculo de otra señora excelente, llamada Jael: cansado y sediento la pidió agua; ella le dio un vaso de leche, con que quedó dormido.

Al punto Jael, con divino denuedo, y esfuerzo soberano, cogiendo un clavo le cosió la cabeza en la tierra: diligencia para que de una vez muriese el enemigo, y se cantase el triunfo: quedando en memorias eternas aclamada Débora, capitana y madre, sin segunda; y Jael valerosa, bendita entre mujeres: dando una y otra públicos pregones del poderoso brazo de Dios, derribando soberbios.

Pintó en este suceso a María sacratísima: el Baraac esforzado, es el segundo héroe y Príncipe Caudillo, Conquistador de este Nuevo Mundo Don Fernando Cortés; en tanto grande, raro, admirable y sin igual único, tanto cuanto los tiempos lo envidiaron, para que hoy apenas se acuerden sus memorias y celebren sus hechos. Vino acompañado de la santa imagen de los Remedios a cuyo monte como a otro Tabor, se acogieron los españoles la noche más obscura de todos sus trabajos; donde capitaneados de María Virgen ganaron la victoria.

Después se apareció en su prodigiosa imagen de Guadalupe: que aquí sirvió de Jael animosa, acabando de destruir al Sisara, demonio de la idolatría: ganando, como Débora, título de Capitana madre; y como Jael, de bendita entre las mujeres. Fue enseñarnos el poder invencible, y brazo omnipotente de Dios.

Enseñó la virtud de la caridad, misericordia y limosna con los más necesitados y pobres, pues eligió dos indios con quienes mostró singularísima misericordia, pues les dio cuanto podía darles, a sí misma, a cada uno su imagen, anticipando esta dádiva con circunstancias amorosas.

Al indio dichoso de los Remedios estando ya sin esperanzas de la vida, el cinto de cuero con que ceñido vivió de milagro, quedando por vinculo de milagros en su santa Ermita, donde se guarda, venera y goza: fue favorecerlo y darle para prevención de lo que le había de dar después. Lo entenderemos con la historia de Rebeca: sintióse preñada de dos hijos; llegose el parto, y el uno de ellos, que se llamó Zaran, sacó la mano, indicios de nacer primero, y por esto la partera le ató y señaló con una cinta de grana: retrajo la mano, dando lugar a que naciese el otro, que tuvo por nombre Phares, ganando la mayoría.

Mas si con atención se repara, mayor gloria fue la de Zaran porque el nacer es cosa muy natural y ganar primacía; más sacar la mano para que lo ciñesen con la cinta de grana fue quedar singular, raro y favorecido con misterios ocultos en lo venidero, y llevar en aquel cinto vinculados privilegios. Así sucedió con Juan: había de tener la Virgen muchos hijos espirituales de su Nación quiso en él extremarse en ser dadivosa dándole anticipadamente un cinto, y en él estrenar el favor de la vida, que estaba tan desahuciada.

Con el Juan de Guadalupe usó otra misericordia, dándole antes las flores milagrosas, y después entre ellas descubriendo su imagen, vestida de luces, Sol, Luna y Estrellas. Disposición admirable, como en la Creación del mundo: porque en el tercer día produjo la tierra flores, y en el cuarto se descubrieron las luces en los Astros; cuando parece había de ser, al contrario: primero luces y luego flores. Tuvo su espíritu (hablo con el de San Isidoro). En las flores están significadas las virtudes y obras buenas; y en las luces, el conocimiento de ellas y desde el principio quiso Dios enseñarnos que primero ha de haber flores de virtudes y después luces de conocimiento.

Así sucedió: le dio la Virgen a su Juan, primero las flores: fue llenarlo de virtudes y favores; y después se le descubrió en las luces Sol, Luna y Estrellas, pintadas en la manta con su imagen. Y así con los dos se mostró caritativa, limosnera y madre misericordiosa con tal ingenio, que los escogió con el nombre de Juan, que significa *gracia,* y también *misericordia* para que con la una significación digan la que es menester, para gozar semejantes favores y con la otra confiesen la que recibieron de María, y nos animen a esperarla.

Así lo hacemos, Señora sacratísima, y a voces os llamamos: *Esperanza nuestra.* De tal manera, que como el nombre de María es lo propio que *Esperanza,* siempre que os llamamos María, os invocamos *Esperanza nuestra.* Y procuramos mostrar la estimación de este nombre, pues en diciendo *Esperanza nuestra* repetimos saludaros: *Salve.*

Día sexto
Del coro de las dominaciones

María Virgen: por el derecho del nombre, y de sus misteriosas significaciones, ha sido dueño de los días que se han pasado. Hoy lo ha de ser por el de sus milagrosas imágenes: porque en el sexto día de la Creación del mundo estimó Dios salir copiado, retratado y expreso en dos imágenes en Adán y en Eva, ministrando los Ángeles aquel barro del campo damasceno para ello.

Y así, cuando María sacratísima se nos ofrece en sus dos imágenes primitivas de este Nuevo Mundo, será el día sexto muy suyo, y por mano de los Ángeles Dominaciones correrá el ministerio, pues les ha cabido la suerte, enseñando la dichosa que gozan en su Coro donde contemplan a Dios con el poder, absoluto dominio, y universal gobierno de todas las cosas; sin que en esto sienta turbación, inquietud, embarazo, cansancio, sinsabor ni fatiga; antes, sin faltar a lo mínimo de su gobierno, gobierna en suma tranquilidad, sosiego, paz y felicidad con que causa en ellos, y engendra un amor, para unirse con él; y como dichosos súbditos gozan íntimamente en tal Príncipe y Señor aquella paz, quietud, sosiego y tranquilidad: ganando en esto el título de Dominaciones, dominio y superioridad a los otros Coros. De manera que esta asistencia, siendo súbditos, los constituye en Señores.

Meditación para la mañana

Grande felicidad es gobernar con Dios: dulce comodidad vivir en el gobierno de Dios: evidente seguridad gobernarse por Dios. Públicos son los favores, privilegios y comodidades que esmeró Dios con Adán.

La primera, que muestra atención, consulta y consideración para crearle, cuando para crear todas las cosas no la propone. La segunda, que fuese a su imagen y semejanza. La tercera, que no solo fuese a imagen suya, sino suya en Trinidad de Personas, retocándole con tal cuidado, que en muchas cosas de Adán se significa tanto, que las letras de su nombre *Adán,* en el hebreo que son *Aleph, Dalet, Mem,* significan ocultamente imagen de la Santísima Trinidad: y las letras hablan, como cortina o velo, la imagen que encubren.

Fue este privilegio tan raro y singular, que le ocasionó al demonio y movió a vestirse de forma y traje de serpiente; por ser este animal ídolo suyo en la lengua, porque la tiene partida en tres puntas. Fue a apuntar a la imagen de la Santísima Trinidad, que estaba en Adán borrarla y perderla: y aunque lo hizo, quiso Dios reformarla en el bautismo y lo dispuso también con la memoria de la Santísima Trinidad, Padre, Hijo y Espíritu Santo. Tanto cuidado en Dios sin duda miraba a soberanos fines. Consultemos al archivo de los más escondidos, a San Agustín.

Creaba Dios a nuestro padre Adán para que gobernase, presidiese y mandase todas las criaturas, fuese su dueño, príncipe y señor: puso atención y consulta: lo formó a imagen suya, para que tuviese su gobierno en paz, sosiego y quietud: a imagen de las tres Divinas Personas, por la unión y consulta que deben tener con Dios los Príncipes, y que con eso sus súbditos pasarán en obediencia, tranquilidad y gusto.

Así sucedió: lo formó a toda perfección: lo puso en el Paraíso, corte y palacio de su Imperio: y mientras tuvo consigo la imagen de Dios en su gracia, vivió sin embarazo, fatiga ni desvelo en contemplación y comunicación de los Ángeles que a coros con ellos cantaba: Gloria en el Cielo y paz en la Tierra; todas las criaturas súbditas a Adán estaban obedientes a su gobierno.

Mas al punto que el demonio borró en él esta imagen de Dios comenzó su desdicha rebelándose todos contra él hasta que fugitivo se esconde, y condenado pierde el Paraíso.

¡Oh si hubiera sabido conservar en sí a Dios para gozar en paz su Imperio, y que sus súbditos y vasallos se gloriaran de tener tal dueño y Príncipe como los Ángeles dominaciones en Dios!

Otra prueba tenemos más cerca, en el libro de la Reina Ester. Le entregó el gobierno y señorío Asuero a su privado Amán: éste comenzó tiranamente soberbio, no solo maquinando la muerte al inocente Mardoqueo, sino a todos los de su linaje. Antes de ejecutar se quiso Dios remediarlo: pues el inquieto, sobresaltado y ambicioso pereció en los troncos que había prevenido; y después, trocándose la ejecución, murieron los de su Nación los que habían de ser verdugos de los judíos. Buscando el principio de tan desastrado gobierno, tragedia lastimosa, y común perjuicio, reparé lo que se dice, que el haberse enemistado Amán con Maído que, fue por no haber querido éste hincar la rodilla al otro, ni adorarlo, como a eminente privado.

Se movió a no hacerlo Mardoqueo no por soberbia o presunción, sino porque sabía que Amán llevaba en el pecho la imagen o retrato de su ídolo: y temeroso de Dios, y celoso de su honra, arriesgando la quietud y la vida, excusó el adorarle.

No es menester más causa. Si Amán tiene consigo al ídolo, al demonio en su imagen, forzosamente en la privanza y gobierno absoluto ha de vivir inquieto, ha de ocasionarse a sí mismo la muerte, y a los vasallos súbditos; que mientras no se gobierna, teniendo a Dios. consigo, es imposible buen suceso, ni al que gobierna y manda, ni al que obedece y se rinde.

¡Oh mi Dios! (le dice agradecido mi San Agustín) yo os confieso Soberano, Dueño, Rey y Gobernador del

Cielo y de la Tierra; y en esto ni os cansáis, turbáis ni confundís: pues de tal manera me cuidáis, me asistís y me amparáis como si no tuvierais más criaturas que gobernar. ¿Qué mucho que las Dominaciones se fervoricen en amar a tal Dueño? Y así, fieles atienda cada uno esta doctrina: el Superior, por la dignidad: el que no lo es por el estado en su familia y el que no tiene más que a sí mismo, por los súbditos que tiene en sus sentidos y potencias.

Y si quiere vivir, cuidar o gobernar en paz y que los suyos lo vivan y procure siempre tener consigo a Dios; a quien por tan amable gobierno reconociéndole, que todo es paz, amor y tranquilidad y poniéndonos en sus manos podemos afectuosamente decir: *Fiat voluntas tua, sicut in caelo in terra*. Señor, hágase vuestra voluntad en el Cielo y en la Tierra: que con tal voluntad se gobierna dulcemente el Cielo en sus bienaventurados, y la Tierra en sus criaturas.

Meditación para la tarde

María Sacratísima entró en posesión de este día, a título de sus dos imágenes milagrosas, por ser día del estreno de las imágenes de Dios, en Adán y Eva: dejémosle a Cristo la de Adán, y comencemos a contemplar en Eva las de María, siguiendo la opinión de Oleastro: siente que Dios formó a Eva de dos costillas de Adán, quitando de cada lado la suya, porque no quedase imperfecto.

Y si en la fábrica de Eva concurrieron dos costillas: en la espiritual de María podemos considerar sus dos milagrosas imágenes, componiendo otra Eva divina y soberana, sin quitarla de las manos, y ministerio de los Ángeles Dominaciones. Estos en su Coro, esperan y reciben las almas de los monarcas, reyes, príncipes, potentados, prelados, jueces, gobernadores, dignidades, y demás personas soberanas.

Bien se confronta y señala el lugar: porque como en el mundo fueron las humanas dominaciones se reciban en el Coro de las Angélicas.

San Vicente Ferrer (cuya sagrada, auténtica y profunda doctrina vamos siguiendo) dice de este Coro una cosa, que pide grandísimas ponderaciones, que cuando las almas de semejantes personas dichosas y benditas suben al Cielo, antes de llegar al Coro de los Ángeles Dominaciones las detiene cada uno de los otros Coros inferiores, y con amorosos júbilos, y celestiales demostraciones las recibe, festeja, celebra y solemniza: aplauso, que no se dice de otras almas: siendo con tal extremo, que los Ángeles se convidan unos a otros para la fiesta, triunfo y trofeo.

Bien merecido todo; por ser la vida de los Príncipes ajustados, atentos, virtuosos, limosneros, compasivos y santos un epílogo de virtudes: porque al paso y peso de los peligros, que consigo trae el mandar, regir y gobernar es la victoria del merecer, acertar y vivir.

Si esto sucediera en el mundo, poco admirara, que los coros inferiores se esmerasen en recibirlos y celebrarlos: que siempre el más tibio y desinteresado ánimo mueve e inquieta granjear la gracia de los Príncipes y aplaudirle sus triunfos; más en el Cielo, y entre los Espíritus Angélicos, forzosamente hay algún grave motivo, y oculto dictamen: y que pudieran reclamar las almas de los otros Coros dicha tan pública y singularidad tan extremada.

Demos ahora por causa, sin perjuicio de la que señala San Vicente Ferrer, a renglones seguidos. Poner con esto a los Príncipes en mayores cuidados de vivir bien, para esperar tanto bien, y atiendan a lo que dice Isaías, tratando de que Dios ha de llamar a juicio, y viniendo, cómo ha de traer a los Príncipes: palabras singulares y significativas.

Oye Orígenes al Profeta decir, que Dios ha de venir a juicio, y traer a los Príncipes de su Pueblo; y entiende en estos Príncipes los Ángeles. ¿Y por qué había de causar cuidado saber a qué fin y propósito ha de traer a estos Ángeles? Sí. ¿Solamente por ministros de la majestad y grandeza con que ha de aparecerse? ¿O como a súbditos, que han de ser juzgados, cuando son ellos Espíritus soberanos, y confirmados en gracia? Y responde, que han de asistir con los hombres a juicio, a dar cuenta del cargo, ministerio y custodia que les dio para los hombres. Pase por ponderación el sentimiento de Orígenes, que ya sabe el docto, que los Ángeles, que están en gracia consumada, y en estado de no merecer ni desmerecer (porque no hay fundamento que lo persuada, pues están ya en su término) no tienen a qué acudir a juicio, por lo que les toca.

Mas clara es la espantosa visión y revelación que tuvo el Evangelista San Juan, contemplando a Cristo en el juicio (según lo explica San Agustín) en medio de siete candeleros, que significaban las siete Iglesias del Asia: y en las manos siete estrellas, que significaban sus siete Obispos y Prelados, con títulos de Ángeles. Noticias de la puntualidad, examen y juicio que han de tener los superiores: tal, que aun en lo inanimado se avisa y previene.

Pues (como advirtió San Próspero) el haberse retirado, eclipsado y vestido de tinieblas el Sol en la muerte de Cristo fue considerarse planeta príncipe, y ver que se estaba ejecutando aquel sacrílego Deicidio: y temer que le pidiesen a él cuenta, no de la intervención, sino de la asistencia: y a la ley de gobernador del día reclamasen las criaturas.

¡Oh, si todas las que se hallan en superiores puestos, cada día que ven nacer al Sol reconociesen la obligación para vivir, y la conviniesen con la doctrina de San Vicente, temiendo no bajen a la cárcel del infierno; que corresponde a los malos Príncipes, Gobernadores y Prelados: pues se puede discurrir, que al paso que los Coros inferiores de los Ángeles celebran y festejan en el Cielo a las almas santas, van maltratando y atormentando las cárceles del infierno a las almas malditas hasta llegar a las raya.

El discurso pide muy de propósito, que hagamos memoria de María, y prosigamos: *Soneto María*, Santa María. ¡Misteriosas palabras! Dejemos que las glose San Agustín; y pidámosle que las pronuncie por nosotros en la dulce Antífona de que usa la Iglesia: *Sánelo. María,* socorred a los miserables; ayudad a los pusilánimes; fomentad a los afligidos; rogad por el pueblo, intervenid por el Clero, interceded por todas las almas devotas. *Sancta María.*

Meditación para la noche

Bien puede Eva estar muy agradecida, gloriosa y alegre de que se proponga por imagen de María Virgen en sus dos imágenes y entienda que todos los favores, títulos y renombres de excelencias, que tuvo y oyó en el estado de su formación y gracia se las debió a María, a quien desde entonces se atendía con que los dos nombres que la dio Adán su esposo los he de restituir esta noche a María, que parecida a Dios, gobierna a los suyos con paz, sosiego y quietud: y a los que están en dignidad, por su mano les ayuda a gozar el don de las Dominaciones.

El primer nombre que Adán le puso a Eva fue llamarla varonil, por haber nacido de la costilla fuerte y formádose de ella, teniendo de sí el origen. Goce este título María Virgen en su imagen santísima de los Remedios: pues ya dijimos, como había venido de España en compañía y lado de un esforzado soldado

Conquistador, llamado Juan de Villafuerte: de un hombre fuerte granjeamos a esta Mujer Varonil, que mostró serlo en la Conquista, retratando en sí, y descifrando a la Mujer fuerte, que prometió el Espíritu Santo, que su lugar y patria primitiva era en fines de la Tierra. Esto claro se ve pues había de dar despojos a su dueño. Esto dicen las almas convertidas en este Nuevo Mundo, por lo divino; y por lo humano los tesoros.

Que había de ser nave que trajese de lejos el sustento. Esto le debemos en la fe con que los suyos nos sustentamos. Que había de dar un cíngulo al Cananeo: ya lo dio a su dichoso descubridor. Que no había de apartarse su luz en la noche: así la gozaron los Conquistadores, en la noche grande de su trabajo, en el monte de los Remedios.

Es verdaderamente la Eva Varonil. El segundo nombre, fue llamarla Madre de vivos: título, que desempeñó María Virgen en su esclarecida imagen de Guadalupe. Llamó el esposo a su querida, diciéndola: Ya han aparecido flores en nuestra tierra. Fue decirla (según explicación de San Bernardo) ya como flor he resucitado y reflorecido. Yo soy la flor primera acompañada de flores, que son los que resucitaron conmigo, y subieron a vivir en el Cielo, y todos los que, creyendo en mí, y convirtiéndose se van multiplicando y renaciendo a la verdadera vida.

De manera, que flores aparecidas son símbolo de vivos: verdaderamente vivos. ¡Oh mi Señora sacratísima! Que misteriosamente dispusiste pintaros de flores, aparecidas de milagro, para que ellas digan, sois la Eva perfectísima, Madre de vivos, en los que cada día ganáis y solicitáis con vuestros milagros, misericordias y beneficios.

Y así esta noche, a mayores clamores, ansias más eficaces, y afectos más crecidos, hemos de levantar el espíritu, y proseguir: *A ti clamamos los desterrados hijos de Eva, a ti suspiramos, gimiendo y llorando en este valle de lágrimas.* Y confesaremos, con la elocuencia de San Agustín, lo que os debemos.

Eva, nuestra primera madre, nos trajo lagrimas; María, alegrías: Eva, autora de la culpa; María de la gracia: Eva nos dio la muerte; María la vida: Eva los daños; María los remedios. Y así: *A ti clamamos, ¡oh, María!*

DÍA SÉPTIMO
EL CORO DE LOS TRONOS

Este día no ha menester padrinos para pedir por suya a María Virgen que siendo en el número séptimo el correspondiente al sábado día que está adjudicado para celebrar las memorias excelencias y privilegios suyos, por haber sido María Santísima la firme, incontrastable la fidelísima amante y Maestra de la fe en el sábado y ausencias de Cristo sepultado; ocasión en que todos falta Doctrina es de San Vicente ¡Dicho los Ángeles Tronos que llegan a tan buen día y declaran el motivo eficaz de amar a Dios en su Coro!

Son estos Soberanos Espíritus los asientos escogidos de Dios que, aunque todos los Ángeles sirven de este ministerio es el privilegio singular y preeminencia de los Tronos: como si en un Palacio hubiera diversos asientos; el reservado para el Rey o Monarca se conocería entre todos por lo superior y particular: así sucede entre los Ángeles donde los Ángeles Tronos se llevan este divino privilegio, y les sirve de encenderlos agradecidos en el amor de Dios hombres siendo el fin de asistir en los Tronos mostrarse Dios Maestro, que allí, como en cátedra, o pulpito está enseñando a los Ángeles a cada jerarquía de las inferiores, la obligación que tienen, y el privilegio de que gozan; y a los hombres lo que les conviene.

Meditación para la mañana

¡Qué gustosos estarán hoy los Ángeles Tronos, y remitirán lo que nos habían de enseñar a Dios que, en ellos, como en cátedra se muestre Maestro de Ángeles y hombres! Y así con todo cuidado debemos poner la atención, por lo que nos toca, dejando a los Ángeles en sus jerarquías, que perciban los profundos, misterios. A mi elección parece que queda la materia, que brevemente hemos de oír y meditar.

Elijo la del juicio postrero; no solo por lo útil, sino que del nombre y título del Coro se puede inferir: pues cuando vio a Dios Daniel sentado para juzgar, dice que se pusieron los Tronos, y se abrieron los libros, y comenzó el juicio: espectáculo y revelación espantosa, según la refiere.

Consideremos a Dios sentado en el Coro de sus Ángeles Tronos, predicándonos que ha de haber juicio, que nos acordemos del juicio, por ser su memoria eficacísima para nuestro remedio. El asunto pedía más tiempo; yo lo reduciré a breves ponderaciones.

Teniendo Pilatos en su presencia a Cristo, le comenzó a preguntar diversas cosas; de la calidad de su persona, la propiedad de su reino, y la esencia de la verdad. En esta ocasión le respondió Cristo, y le dijo: El Hijo del hombre ha de venir con potestad soberana, acompañado de Ángeles, a juzgar. Parece poco a propósito la respuesta y asunto de su venida, cuando las preguntas de aquel juez superior habían mirado muy diferentes fines.

El que tuvo Cristo en esto fue piadoso, sabio y escogido. Sintió en Pilatos algunos impulsos de reducirse, pues confesó no había causa ninguna bastante para condenar un inocente. Pues como suele un médico entendido, que en alguna enfermedad grave, mortal y desahuciada, reconoce algún accidente indicante o movimiento, de que pueda esperarse algún remedio, cuidadosamente lo aplica esmerándose en el más eficaz; así Cristo, sintiendo que la memoria del juicio era el más penetrante aviso, el más vivo remedio, y el más provechoso consejo, deseando que se redujese, le predica materia del juicio.

¡Oh misericordias de Dios! ¡Oh rebeldías de los hombres! Bien mostró San Pablo ser discípulo de Cristo. Llegó a ser juzgado a la presencia de Félix. Comenzó a tratar y disputar diversas materias de la fe de Cristo: llegó a la del juicio; y al punto el Juez comenzó a temblar, contristarse y atemorizarse: y le dijo, que suspendiera la plática para otra ocasión, que es viva predicadora esta palabra: *vicio*.

Sus efectos maravillosos. Estando Cristo pendiente en la Cruz en medio de dos facinorosos delincuentes, y famosos ladrones, el uno a voces altas le dijo: Señor, acordaos de mí, cuando os viereis en vuestro Reino. Oyó breve el despacho a todo jubileo, piedad y misericordia: prometiéndole su compañía en el Paraíso aquel día.

¡Oh venturoso pecador, y bien afortunado convertido! Y así, su dicha la celebran por instantes. Mas los Santos y Maestros se han ocupado devotamente, ¿cuál fue la raíz, motivo, luz y fundamento de esta conversión? Sigo a mi San Agustín, tan bien entendido en semejante materia: pues confesándose en sus libros de *Confesiones* dice, que entre todas las cosas, que concurrieron, para que él se convirtiese la más eficaz, y la que más fuerza le hizo, le convenció, movió y atemorizó fue la memoria de la muerte, y el juicio en que había de dar cuenta a Dios de sus culpas.

Este esclarecido desengañado siente que el Espíritu Santo alumbró el entendimiento del ladrón venturoso, acordándole que había de haber juicio: y fue tan poderoso este conocimiento, que aunque estaba padeciendo en su cruz tantos dolores, se olvidó de ellos y prorrumpió en pedir perdón y misericordia: de tal manera, que según comenta las palabras el Crisóstomo, elocuente y sagrado Doctor, fue a decirle: Señor, aquí estaré en este tronco crucificado, y padeceré de buena gana, hasta que vengáis a juzgar, satisfaciendo por mis culpas; que tanto temo el juicio.

¡Oh fieles, si con esta consideración supiéramos imitar a estos dos dichosos pecadores! Y más cuando no tenemos excusa para olvidar el juicio, pues el mismo Cristo, conociendo su importancia, en la oración que nos enseñó para pedir todos los días, y rogar al Padre Eterno, puso misteriosamente: *Venga a nosotros tu Reino.*

Que según explica San Cirilo y Santo Tomás, es memoria del juicio. Quiere que todos los días nosotros propios nos avisemos, acordemos y despertemos que ha de haber juicio; y con esto enfrenemos nuestros apetitos, compongamos nuestras costumbres, y corrijamos nuestras vidas.

Cerca de estas palabras están las que se siguen: *Panem nostrum quotidianum da nobis hodie.* Señor, dadnos hoy el pan nuestro de cada día. Y si en esto le pedimos el sustento espiritual y temporal, ¿para qué mejor, que para esforzarnos a vivir como quien ha de llegar a juicio?

Meditación para la tarde

Seguramente podemos proseguir, siendo este día espiritual donación, y premio vinculado de María Virgen, fiándonos ha de acompañar también en la tarde, y dar lugar a que los Ángeles Tronos nos avisen, enseñen y encaminen para gozar su compañía. ¿Y cuáles son las almas que se han de aposentar en él? Serán las que se ocuparon en contemplar, meditar y esperar las dulzuras del Cielo, regalos de la Gloria, y premios de la Bienaventuranza: y con esta consideración se desnudaron, renunciaron y olvidaron las cosas del mundo, engaños de la naturaleza, y comodidades de la tierra, viviendo apostólicamente. Bien cerca tenemos el fundamento de esta verdad.

Se pusieron los Tronos (como vimos esta mañana) y comenzó el juicio. Y advierte el Profeta, que habiéndose sentado el juez soberano, se abrieron los libros: en estos se entienden las conciencias y vidas de cada uno, en sus obras: y significan también los Santos.

De manera, que estos mismos Tronos han de asistir. ¡Grande felicidad! ¿Y cuáles Santos en particular se pueden entender? Digo, que los que apostólicamente vivieron despreciando las cosas temporales, y desnudándose de todas, poniendo solamente las esperanzas en Dios, en su Cielo y Gloria. Esto suena la promesa de Cristo a los Apóstoles, cuando en nombre de todos le dijo nuestro Padre San Pedro:

Ya, Señor, lo hemos dejado todo, por Vos, y por vuestro amor, seguimiento y doctrina. Y pidiéndole noticia de la paga, les dijo: Que el día del juicio se habían de sentar con él en Tronos y asientos superiores. Para animar a todos los fieles a poner su amor en Dios, contemplar el Cielo, y renunciar el suelo.

Almas privilegiadas son las de este Coro: porque las otras gozan la compañía; más aquí la compañía y la excelencia de estar sentadas en compañía de Dios, buscando alguna noticia de cosa tan singular, discurrí por la dificultad que tiene el llegar un alma a desengañarse del mundo, y poner todo su corazón en el Cielo: porque fue herencia desdichada de nuestros primeros padres. Pecaron, y hallándose desnudos, acuden al árbol de la higuera, en que habían quebrantado el precepto divino.

Muchos Santos sienten que fue árbol de higuera. Y quitándole de las hojas, las componen y disponen, cubriéndose con ellas. Viene Dios a residenciarles, y quitarles las ramas y hojas, dejándolos desnudos: quedando en Dios las memorias de esto; pues el haber secado Cristo aquella higuera, de que hace memoria San Lucas, fue acordarse, que de las hojas de higuera se habían vestido en el Paraíso.

Se puso mi sagrado Maestro Agustino a ponderar el cuidado, inclinación y elección de Adán; y dícele Adán, ¿qué ignorancia es la tuya? ¿Has comido y gustado el fruto de ese árbol, y al punto experimentado sus engaños, daños y falsedades, y acudes a valerte de sus hojas? Si en el fruto fue todo mentira, ¿cómo quieres en sus hojas verdad?

Más no pudo negar Adán el ser hombre que, con las experiencias del mundo, sus bienes y comodidades, no hay olvidarse ni desistirse, sino que el mayor cuidado, es vestirse de sus hojas: y como esta desdichada inclinación se ha proseguido, permitió Cristo, y ordenó aquella ocasión, para predicar a los hombres el desnudarse del mundo.

A este fin, sin duda, encaminó Dios aquel suceso de Jonás, cuando habiéndose retirado de la Ciudad de Nínive, a esperar el efecto de la ocasión a que había venido, dispuso Dios, que de repente le naciese una hiedra, hermosa, fresca y copada, que le hiciera apacible sombra: y luego mandó a un gusano que por las raíces la comiera y destrozara, como sucedió.

A la mañana Jonás, con lo primero se mostró alegre en extremo, gustoso a todas alegrías, fiándolas de las hojas de la hiedra, toldo de su descanso. Y con lo segundo se contristó, exasperó y afligió de manera que pedía con eficacia la muerte, ocasionando, que Dios lo reprehendiese. ¡Qué fácil está la causa!

Era la hiedra símbolo y jeroglífico de las cosas temporales, el verdor del mundo, y sombra de la tierra,: que si en un Profeta hacen asistencia, lo divierten, y lo persuaden tanto, que cuando le falta, y se seca, piensa que ya le falta todo, quiso Dios, no solo que se secase, sino que el destrozo fuese por las raíces, con que ni esperanzas de reverdecer ni retoñar le quedasen para que Jonás no prosiguiese en estimación de sombra tan frágil, hojas tan fáciles de marchitarse, y amparo de tan poca firmeza: y que en ellas escarmentásemos los hombres, en no fiarnos de comodidades del mundo, pues la mayor es una apariencia fingida y una ficción engañosa, un engaño paliado, una paliación mentirosa, una mentira enramada, cuyas hojas y troncos se desaparecen; y que sabe Dios de la mañana a la noche, y de la noche a la mañana, con el gusano más pequeño, con el más ligero achaque, y con el instrumento más olvidado, secarlo, destruirlo y aniquilarlo.

¡Oh mil veces dichosos los que saben desengañarse prudentes, y desnudarse confiados en Dios, para gozarle en compañía y Coro de los Tronos!

¡Oh infinitas veces desventurados los que viven asidos al mundo! ¡Y más, si para solicitar sus dignidades y comodidades sagradas se valen de medios ilícitos! Que para estos tales está diputada la cárcel del infierno, correspondiente a este Coro.

En la mañana y en la tarde hemos discurrido cosas grandes, juicio y desengaño del mundo: bien concurren los dos títulos de María Virgen para pedirla favor: *Virgen y Madre de Dios*. Como Virgen nos podrá comunicar pureza de corazón para ponerle en Dios; y como Madre ampararnos el día del juicio.

Meditación para la noche

Es tan merecedora María Virgen de vivir siempre presidiendo, y triunfando en levantados Tronos, que la dádiva y donación del día séptimo lo da a entender; pues fue el día en que Dios puso Trono y asiento de su descanso de la Creación del mundo. Y así este día en su mañana y tarde le previno dos Tronos en que esta noche debemos contemplarla y considerar a cada una de sus sagradas imágenes.

Y aunque podíamos discurrir en sus dos montes escogidos, el de los Remedios y el de Guadalupe, pues por su camino predican, siendo montes desnudos y sitios apostolices: que si el de los Remedios estaba a los principios vestido y copado ya está desnudo, que ni aun el maguey dichoso quedó arraigado (quizás porque no tuviera y padeciera las penalidades, vejaciones y tormentos que hoy pasan otros).

Ya el de Guadalupe, habiendo florecido de milagro, se volvió a su antigua esterilidad. Que no quiso la Virgen elegir tronos ricos, sino montes pobres, que significasen espíritu; y en ellos a dos indios humildes, en cuyas manos y poder asistiesen sus dos imágenes y fuesen sus Tronos animados. Bastara esto, a no parecerme vivamente al propósito la profecía de David en el Salmo 88.

Su Trono será como el Sol y como la Luna en mi presencia, con toda perfección y permanencia. Gloso las dos palabras a la Virgen. El Trono Luna, la imagen Conquistadora de los Remedios, en quien se verifican las propiedades y nombres de la Luna: esta se llama la hermosura de la noche porque, aunque la noche está sembrada de infinitas estrellas, ella las realza, y descubre.

Mostró la Virgen esta excelencia en la noche grande, que así llaman hasta hoy la del retiro de los Conquistadores en su mayor peligro, al sagrado monte de los Remedios, donde la Virgen los favoreció; defendió y libró, sirviendo de Luna, antorcha de esta obscuridad, dando luz, y comunicando esfuerzo a sus estrellas cristianas en el Ejército Católico.

La Luna, por lo humano, tuvo título de Diana, con que la veneraban por Diosa las selvas y bosques, y compañera de cazadores. Esto se conoció por lo divino, en que quiso descubrirse la Virgen, y aparecerse en su imagen en el monte, cuando estaba una selva enredada, y monte cuajado, y que subiese su Juan dichoso a cazar y montearlo.

Más lo que tiene la Luna por principal y provechoso, es ser madre del rocío, siendo presidenta del mar, aguas y lluvias. Experiencias continuadas en esta Señora santísima, pues en ella tiene esta Ciudad el remedio en las esterilidades penosas, a quien Dios ha dado singular privilegio, y comunicádole el suyo: pues él es Padre de las lluvias, sea aquí María Virgen nuestra Luna, Madre de las lluvias, que nos remedien, y tenga perpetuamente su Trono como la Luna.

El Trono como el Sol, se dispuso en la imagen divina de Guadalupe, apareciéndose pintada en medio de un Sol, con rayos de oro, donde la Virgen asiste, diciendo con el Trono del Sol singulares misterios, que los comenta la piedad cristiana. Por lo que me toca, juzgo que, como cuando el Capitán Josué mandó detener al Sol para favorecer a los recién convertidos gabaonitas y se detuvo y dio luz hasta que se rindieron y perecieron los enemigos; habiendo la Virgen de los Remedios obrado la conversión de este Reino, para proseguirla, quiso la de Guadalupe detener el Sol, asistiéndolo, y animando a los convertidos á no temer; o para alumbrar con el Sol.

Pues en ocasión que habían apagado todas las luces de esta Ermita dos rayos de este Sol de su imagen volaron y encendieron tas candelas del Altar para que celebrase un sacerdote suyo; o para que si la Luna, en los Remedios, comunica tas aguas en las esterilidades, el Sol de Guadalupe las seque en las inundaciones: como lo hizo en la mayor que se ha visto.

Y viva María Virgen en sus dos Tronos de Sol y Luna; y vivamos siempre con seguridad de que, aunque esté tan lúcida y venerada nos ha de dar lugar a que la digamos: Señora santísima *vuelve a nosotros esos tus ojos misericordiosos*. Pues son las ventajas que lleváis a todas las criaturas nunca forcéis la vista a quien necesitado os implora.

DÍA OCTAVO
DEL CORO DE LOS QUERUBINES

María: forzosamente hemos de comenzar en este sagrado Nombre el día de hoy; porque (según explica San Pedro Damiano) María significa *Cántico de Querubines*.

Y pues a estos Espíritus Angélicos les cabe con el nombre de María les avisaremos y obligaremos a que por la dicha de estarse gloriando en María gustosamente nos enseñen y digan, que ellos en su Coro contemplan a Dios, sabio, dueño y centro de todas las ciencias que con divina providencia las reparte, dando a cada uno lo que le conviene para su remedio.

Considéranse que ellos son los más cercanos e íntimos discípulos, bebiendo del mismo Dios la plenitud de ciencia y sabiduría, explicándola con el nombre de querubines: y admirados, agradecidos y contentos esmeran fervores, y avivan impulsos en el amar a Dios.

Meditación para la mañana

Solo Dios es verdaderamente sabio: y así nuestra mayor sabiduría es dejarnos gobernar del saber de Dios. Al Santo Profeta Ezequiel, estando a las riberas del río Cobar, se le franquearon los Cielos, y vio un misterioso carro o fábrica de fuego, cuyas llamas subían y se encrespaban, ardientes ruedas unas en otras conformes sin estorbarse, y a nivel ajustadas. Cuatro animales, hombre, buey, león y águila, que lo tiraban.

En él un soberano Señor, que presidía y un abrasado Espíritu e infatigable aliento que gobernaba esta máquina del Cielo, a cuya obediencia se movían los animales, sin desistir incansables, ni detenerse un punto con tal violencia, que jamás cejaron con el carro ni mostraron resistencia al espíritu que los regía.

Después en su capítulo décimo repite haber visto y contemplado esto mismo en el propio lugar: y declaró, que aquellos animales eran querubines, prosiguiendo en el estilo que guardaron los animales de fuego carro llamas espíritu, obediencia y puntualidad hasta que batiendo las alas se remontaron con el carro a la Gloria. Enigma grande de misterios es este; descifrémosle así:

Este carro significa el asiento trono y sitial de la sabiduría de Dios en que está presidiendo: los animales, sus ministros doctos, sabios predicadores, maestros y doctores, de diversos rostros, estados y talentos: quiso avisarles, que aunque se reconozcan sabios y entendidos, se han de gobernar, seguir y llevar de un espíritu, que es el de Dios y su sabiduría, de tal manera, que ni movimiento, acción, dictamen ni elección han de tener suya, sino adonde Dios les llevare, adonde les inclinare, sin resistencia, reclamo ni repugnancia: reconociendo, que respecto de Dios, son ignorantes, y poniéndose con humildad al gobierno de su sabiduría.

Vamos a lo segundo. Si ya Dios había descubierto este misterio, ¿para qué segunda vez lo repite, y cuidadoso el Profeta dice ser el mismo, y declara, que aquellos animales eran querubines, que se disfrazaron en aquellas formas humanas de hombre, león, buey y águila, y en ellos reproduce todo lo que al principio?

Respondo por mi discurso, que no tiene otra autoridad el concepto. Pretendía Dios enseñarnos, advertirnos y desengañarnos, que no hay otro sabio sino él y que con él nos hemos de conformar para vivir, proceder y obrar, olvidándonos de la mayor sabiduría que reconociéremos en nosotros: y como entre los Espíritus Ángeles de su Corte, son los Querubines los más medrados y entendidos, los llenos de ciencia, bebida de su fuente y embebida en sus entendimientos, vean que estos no se eximen del gobierno de la sabiduría de Dios; antes son ellos los que abrasados y cuidadosos están sujetos al Espíritu de Dios, que los rige, gobierna y mueve sin mostrar la menor resistencia: y que disimulándose en formas y sujetos humanos, es decirles los querubines a los hombres maestros, que deben ser Querubines en la obediencia y reconocimiento a Dios: que a no ser así los querubines han de reconvenir a las hombres sabios en el Tribunal de Dios. Bien se ejecutó en Adán: le desterró Dios del Paraíso, y le puso a la puerta un querubín con el dardo de fuego, que le impidiera la entrada, y estorbase la vuelta.

Tuvo misterio que, pudiendo señalar para posta y vigilante centinela, que guardase y fiscalizase los pasos de Adán a otro Espíritu de otro Coro, eligió querubín. Atención fue divina. El delito, pérdida y desdicha de Adán fue quererse gobernar como sabio, admitiendo la engañosa promesa de la sabiduría falsa del demonio.

Pues para que conozca, y perpetuamente se acuerde de su presumida sabiduría, vea y tenga a sus ojos un querubín, un Espíritu del Coro de los Sabios, y le reconvenga, como siendo los querubines hijos de la Eterna Sabiduría de Dios, le están siempre reconociendo, siguiéndole y obedeciéndole: y en Adán reconvenga a todos sus descendientes, para el escarmiento, y que reconozcan, que no hay otro sabio sino Dios y que nuestro mayor y mejor saber es dejarnos a su sabiduría, que nos guíe: que de lo contrario nace no consolarnos en nuestros trabajos el afligirnos en nuestras adversidades y el contristarnos en nuestras tribulaciones. Presumirnos entendidos y sabios y no persuadirnos, que Dios es solo el que sabe lo que nos conviene; y cualquier desvío, pérdida incomodidad y persecución la dispone para nuestro remedio.

Determinémonos fieles, a entender, que solo Dios es el Sabio: y mueva en lo que cupiere un suceso curioso y moral.

Estaban a la ribera del mar unos pescadores atentos y cuidadosos para arrojar la red: les compró un mancebo el lance: fue tan dichoso que con los peces sacaron una preciosa mesa de oro.

Comenzó la contienda, a quien pertenecía el mancebo alegaba la compra y concierto del lance; los pescadores, que ellos le habían vendido peces y no preseas de oro. Se remitió el suceso al oráculo de Apolo y, respondió se le diese la mesa al Sabio más eminente que entonces se conociese.

Acudieron a los nombrados de Grecia, que entre todos florecían a la ocasión: llegó a manos del primero; el prudente se la remitió a otro, a quien reconoció: éste guardó el mismo estilo hasta que llegó al último, el cual dijo: Todos habéis errado, porque si esta mesa es para el Sabio más eminente que se conoce, forzosamente se ha de dar y adjudicar a Dios, que es el verdadero Sabio.

Bien puede predicarnos este suceso humano y otro divino, en el desengaño del docto desengañado San Agustín que, hablando con Dios, le decía: ¡Ay de mí, Señor y Dios mío! Que aún no sé, que no sé porque mi mayor saber será conocerme ignorante para de veras reconoceros Sabio.

Ya es tiempo que prosigamos la Oración: *Perdónanos Señor, nuestras deudas, así como nosotros las perdonamos a nuestros deudores.* Atended, fieles, dice San Pedro Crisólogo, que al paso y peso que fuere nuestra misericordia con nuestros próximos será la de Dios con nosotros. ¡Oh misteriosa disposición, que en nuestra mano ponga Dios lo más precioso que podemos esperar de la mano de Dios!

Meditación para la tarde

María con esto proseguirán los querubines su cántico, y nos dirán por medio de María, que en su Coro esperan a las almas, que en esta vida se ocuparon en aprender y percibir las ciencias divinas, aprovechando en ellas espiritualmente; de manera que enseñaron, adoctrinaron e instruyeron a sus próximos en el camino del Cielo. Y como los querubines son espíritu de plenitud de ciencia, adjudicaron a su Coro sabios caritativos y estudiosos útiles y doctos en la sabiduría verdadera.

De donde claramente se infiere, que para gozar la compañía de los Querubines debemos saber para aprovechar a los próximos y encaminarlos a Dios, comunicándoles lo que aprendemos de Dios. Presentes están los querubines en el carro: éste todo era fuego, donde ellos encendidos vivían, volaban y discurrían; era esfera abrasada de salamandras divinas.

Aquí se descubre un singular misterio: ¿cómo estos querubines viven en un fuego e incendio que nunca se apaga y los serafines que con el nombre significan fuego y brasas no se aparecieron a Isaías en él sino en el Templo? Respondamos al propósito tres cosas.

La primera es de San Ireneo, que consideró profundamente que todas las cosas sagradas, y el mismo Dios siempre se significan en el fuego: y halló que por ser el fuego símbolo de la divinidad, liberalidad y generosidad, que se comunica y reparte a muchos fuegos, sin agotarse, consumirse ni negarse; lo que no sucede en otros licores y materias que se minoran, gastan y consumen comunicándose.

Por eso sin duda puso Dios a los querubines, que son Maestros, Sabios y Doctores, en fuego y espíritu suyo; para que sepan, que la sabiduría que tienen y les concede, ha de ser para que la comuniquen y repartan a los fieles, que con eso probarán ser sabiduría divina la que gozan.

¡Qué evidente comprobación la del Espíritu Santo en los Proverbios! Donde dice que la Sabiduría Eterna edificó casa y palacio, puso mesa con manjares y sustento, y al punto llamó a sus criados (que son las ciencias) a sus sirvientes (que son los Doctores Apostólicos) y los envió que llamasen, convidasen y convocasen a todos, para que participaran de la casa, palacio y mesa; que esta es la propiedad de la sabiduría de Dios, no quedarse encerrada, no comer sola.

No pudo negar San Pablo ser querubín de esta sabiduría: porque escribiendo a los Romanos, no se intitula expresamente Apóstol, como cuando escribe a los Filipenses, y a otros, sino les escribe: Pablo, a quien llaman Apóstol de Jesucristo.

Fue la atención, considerar, que en Roma no había predicado ni enseñado: y le pareció que no era justo llamarse allí Doctor, Apóstol ni Maestro porque sabiduría que no se ha comunicado, parece que usurpa el nombre: por ser propiedad de la divina comunicarse, como el fuego.

La segunda causa sea por el trabajo, que significa en el fuego, y su desvelo, pues no hay otro semejante como ocuparse en ser maestro. Con todo cuidado advertí que David en el Salmo cincuenta, con arrepentimiento, ansias y afectos vivos, pide a Dios perdón y misericordia, y todo el Salmo gasta en pedir a Dios; y solamente le hace una promesa, y la ofrece en recompensa de lo que espera recibir: que él será Maestro y Predicador, que convierta a los pecadores, y los reduzca a su conocimiento.

¡Oh entendido Monarca! Conoció lo grave, molesto y penoso que encierra el misterio, y como en epílogo de todo trabajo dice que será Maestro.

¡Oh si se pudiera agradecer! No es mucho que los querubines vivan en fuego. Y para enseñarnos perfectamente, no solo se contentó Dios que estuvieran en medio del fuego, sino que en aquella ocasión mandó a uno de ellos, que cogiese a manos llenas del mismo fuego, y lo entregase a un Varón venerable, que lo repartiese (que no cumple con la obligación de maestro el que no se comunica en utilidad de los próximos) y el que se hallare que Dios no le ha comunicado letras, sabiduría ni ingenio, no se desconsuele, que hay otra ciencia muy estimada de Dios, y muy enseñada, y consiste en las virtudes, en el vivir bien, obrar bien.

Que también es gran maestro el que con su buena vida santas costumbres y cristiano ejemplo enseña el camino del Cielo. A este fin ha de em caminarse la sabiduría de entendimiento y la de las obras; que los Querubines se volaron al Cielo con aquella fábrica divina. Y desdichado el sabio, docto y en. tendido (si merece este nombre) que se ocupa en saber, estudiar y desvelar por presunción, soberbia y vanagloria; que a este tal le está prevenida la cárcel del infierno. Sigamos el tiempo y prosigamos implorando a María: *Ruega por nosotros los pecadores, Señora santísima.*

Tienen las dos palabras energía. Con la primera confesamos a Dios para apiadarlo: y con la segunda, a María para enternecerla. *Ora pro nobis.*

MEDITACIÓN PARA LA NOCHE

María: aunque quisiéramos decirles a los querubines que suspendieran su cántico respondieran que no podían, porque aquel Carro, en que Dios los descubrió, significó el misterio sacrosanto de la Encarnación del Verbo Divino en las Entrañas purísimas de María: y es obligación suya estarla cantando Archivo, Tesorera y Repartidora de la Sabiduría Eterna y reconociéndola como a su Maestra: que así lo confesó el Arcángel San Gabriel, cuando tratando la en la Embajada este misterio, y preguntándole la Virgen ¿cómo se había de obrar?

La remitió al Espíritu Santo, porque conociendo que el responderle por si era acción o superioridad de enseñar y advirtiendo que solo el Espíritu Santo puede enseñar a María, quiere que corra por su mano. Y así esta noche han de proseguir su dulce cántico: *María.* Y más, que no se han de dignar, de tener otros dos humildes querubines discípulos, de María y que entornen: María es quien nos alumbró, ensenó y doctrinó y como a sus querubines.

Los dos Juanes querubines: el nombre nos avisa. La prueba. Juan el Evangelista, Virgen y Mártir, Apóstol fue el más medrado en sabiduría y entendimiento y profundidades divinas, remontándose como Águila querubín, que en la referida está significado. Y buscando la causa el devotísimo Abad Guarrico halló que fue haber Cristo, estando ya para morir en el Calvario, entregádole, y declarádole por hijo de María, y a María por su Madre, aposesionándose desde aquel punto el Evangelista como de prenda suya, de la Virgen, asistiéndola, sirviéndola y acompañándola. Dándole a María fue darle entendimiento, luz, sabiduría, profundidad, ingenio y superioridad del conocimiento y con la continua comunicación y asistencia y elevarse y relevarse a tan soberanos misterios.

Tengan licencia la piedad y la devoción para discurrir en lo que cabe. En el monte de los Remedios descubrió Juan, y halló a María Virgen en su santa Imagen y entre las pencas de un maguey: fue recibirla de la mano de Dios, como a su Madre; y el entregársela, cómo su hijo y ganándola tan por suya, que la llevó a su humilde y pobre albergue, donde la tuvo y sirvió más de diez años. ¿Quién duda que de aquella compañía, asistencia y vivienda había de granjear y medrar luces al alma, sabiduría al entendimiento, y conocimiento al discurso y ponerse en estado de favorecido querubín?

A quien podemos dar el rostro de Águila, y decir, que en él se disfrazó y encubrió. Es tan propio el discurso que su nombre primitivo, y en su lengua mexicana se llamó D. Juan del Águila: querubín Águila, que remontándose al monte hizo la presa. Y como la generosidad de esta ave reina se muestra y se conoce. en que nunca se come solo la presa que gana, sino que la reparte y convida a muchas aves, que con este interés la siguen y acompañan. Dio la presa para toda la cristiandad: querubín verdadero que de la sabiduría que alcanzó, la dio en utilidad de los fieles.

Juan el de Guadalupe, entró también en la escuela de querubines. Válgome del otro Juan santísimo y precursor de Cristo. Este soberano Señor le visitó estando en las entrañas vírgenes de María Madre suya, que ligera y piadosa llegó a las montañas de Judea, donde vivía, y al punto comenzó el niño Juan a sentir efectos .de las gracias y luces del Cielo, y medras del entendimiento; todo obrado de la voz y palabras de María, que sonando los ecos, en su alma la remedió divinamente.

De manera, que la voz y palabras obraron sabiduría y entendimiento. Este favor parece, que en nombre de nuestro Juan dichoso, lo había comenzado a pedir el Esposo divino, cuando le suplica a su querida Esposa, a María, que le mostrase el rostro, y le favoreciese con oírla: pues buscándole en el camino y montana de nuestro Mexicano Guadalupe, se le apareció, habló, comunicó y regaló con flores. Claro está que le habían de conceder estas voces, estas palabras y pláticas entendimiento, sabiduría y conocimiento; y más si atendemos al cuidadoso amor de San Bernardo, que contando las veces que habló la Virgen dice, que fueron solamente cuatro: en la Encarnación; en el hallazgo de su Hijo, bodas de Canaá y visitación a su prima Santa Isabel, y aquí más de espacio con la *Magnificat*.

Yo conté las que habló cuando trató el negocio de su milagrosa imagen, y hallé que fueron otras cuatro veces con que me persuado, que amablemente quiso honrarlo y enseñarlo, como a su querubín, a quien venero disfrazado en el rostro de buey: no solo porque si de espacio nos pusiéramos a pensarlo, no hay jeroglífico más vivo de un indio como el buey, por lo humilde, por lo útil, por lo trabajado, por lo perseguido, sino por cosas singulares.

La una, que en el buey significaron antiguamente la primera letra, que es la "A". Y siendo el animal más torpe, le concedieron el principal instrumento para hablar. Esto mostró platicando con la Virgen. Otra, que entre las utilidades que tiene el buey, una es, que de la cabeza nacen abejas, y se crían para las colmenas. Llevaba Juan, flores consigo recogidas en su manta de ayate: claro está, que sus pensamientos serian abejas de estas flores.

Y la principal, que entre todos los animales fue el más privilegiado: porque todos estribaban del carro, en los pies y plantas del buey, y cuando el Profeta declaró que eran querubines, los otros se quedaron disfrazados en sus rostros; solo el buey se quitó el veló, y se descubrió expresamente querubín, transfigurándose en él.

Favor conocido a este dichoso Juan. Fue a la Ciudad a la presencia del prelado, disfrazado en buey humilde y desplegando la manta descubrió la prodigiosa y lucidísima imagen. Fue quitarse el velo y rostro, y transformarse, declarándose mejorado querubín de María, quedóse con ella en las manos y fue quedarse con todo el coro de los querubines: para que nosotros le pidamos nos introduzca en ellos, y nos enseñe. Y pues toda la sabiduría está y consiste en su Hijo Jesús, pidámosle lo que se sigue: *Et Jesum benedictum fructum ventris tui, nobis post hoc exilium ostende.* Que nos enseñe a Jesús fruto sagrado de su vientre: en la Tierra donde vivimos, y en la gloria que esperamos.

Día noveno
Del coro de los serafines

Bien sabe el santo profeta Isaías que ninguno puede darnos noticia de los serafines (a quienes cabe el día) sino él: y así como cuidadoso maestro, nos refiere la profundísima visión de su capítulo sexto que tanto crédito y lugar le dio (según enseña San Gerónimo). Vio a Dios sentado en levantado trono de majestad y grandeza asistido de dos Serafines que lo aclamaban *Santo,* repitiendo tres veces el cántico y elogio. ¡Oh qué buen principio! Porque este Trono era y significaba el vientre virginal de María donde Dios se gloriaba encarnado y las voces y alabanzas de estos serafines las convertían a María Virgen, a quien con toda veneración reconocían.

Luego hoy, que han de asistir los serafines y entonar su alternado motete, ha de ser con la compañía de María Virgen que lo reciba por suyo. Bien pueden comenzar diciéndonos primero el motivo de sus fervores. Los serafines en su coro contemplan a Dios en su amor infinito con que nos ama deseando nuestro remedio, vida y salvación, sin que este amor se canse, resfríe, consuma, divierta ni menoscabe.

Considéranse ellos ser los más dichosos en este amor de Dios, pues con él los cubre, conforme une e introduce en sí mismo, tan íntimamente que parecen un mismo espíritu con Dios: y considerando tal amor con el propio amor crece el afecto para amarle.

Meditación para la mañana

El principal cuidado de Dios, es siempre darnos a entender lo que nos ama para obligarnos a que agradecidos nos desvelemos en amarle; y que del amarnos y amarle procuremos el bien espiritual de nuestros próximos.

Cada uno de los Serafines (prosigue el Profeta) estaba vestido y adornado con seis alas misteriosamente dispuestas: con dos levantadas cubrían el rostro; con dos abatidas los pies; y con dos tendidas y desplegadas volaban.

Toda la Tierra se llenaba de gloria originada de tan divino espectáculo tribunal y teatro. Isaías lo contemplaba atento; y comenzó a contristarse, sentirse y lamentarse de no poder explicar decir ni publicar lo que veía, reconociendo era la causa lo inmundo de sus labios. Y al punto uno de aquellos Serafines asistentes volando, quitó una brasa del altar, y cuidadoso le purificó los labios, dejándole hábil para su deseo, y alegre para su pretensión.

Llegan los Santos y Maestros y con todo espíritu y atención reparan en la disposición y forma del ropaje y compartimiento de las seis alas. Unos lo atribuyen a Dios hombre que a él le cubrían el rostro y cabeza que es su divinidad y los pies, que es su humanidad, dejándole descubierto el pecho.

Otros, que esta acción la ajustaban en sí mismos los serafines, cubriéndose pies y cabeza, y franqueando el pecho. Admiro las dos meditaciones; y respondo al misterio con la doctrina de un serafín amante, San Agustín que definió el amor así: Es dilatarse el corazón del que ama la cosa amada, corriendo y volando con los deseos, y descansando con la posesión: no descanso, que diga retraerse en amar, sino consuelo y gusto que mueve nuevamente a amar.

¡Oh Cristo soberano, aunque por nosotros obrasteis milagros de vuestra divinidad, y padecisteis con vuestra humanidad, permitís que los serafines vuestros os cubran la cabeza y los pies, que son vuestra divinidad y humanidad; más no admitís os cierren y oculten el pecho, sitio del corazón: que como este es centro y archivo del amor, procuráis perpetuamente estar mostrando lo que nos amáis, que es el fin de nuestro remedio: si las cuatro alas están suspensas, las dos batiéndose y volando incansable movimiento del corazón, que entre ellas dos vive: y asistiendo entre serafines discípulos, mejorados en la escuela de vuestro amor, estáis en cátedra leyéndoles amor.

Ellos, entendidos de tanto amor, procuran explicar las lecciones de amor, vistiéndose y adornándose de la misma manera, y como olvidados de la excelencia de sus cabezas y entendimientos, y de sus pies en asistiros, hacen gloriosa ostentación de amaros: y de ver el extremo con que nos amáis, y de su cuidado en amaros, leí nace el amar a los hombres; pues tan cuidadosamente bolo un serafín a remediar a Isaías, y comunicarle del fuego de amor de Dios.

Todo parece enseñarnos, fieles; porque en estos dos serafines estaban representados los Ángeles y los hombres: y debemos, como sus compañeros, reconocer y atender perpetuamente al amor que Dios nos tiene, recompensarle con amarle, y sacar un amor, caridad, compasión y beneficios para nuestros próximos en el trabajo, tribulación y desconsuelo: que es evidencia conocida, que cuanto más tuviéremos de amor de Dios, tanto tendremos de amor a los próximos.

¡Oh mi sagrado y abrasado serafín! Repetid vos la lección que os cupo de esta materia. Si vivo, si hablo, si sosiego es con la intención de que todos vivamos en Cristo: mi deseo, mi ansia, mi honra mi gloria es esta; y sin vosotros no quiero salud Esto les predicó a sus religiosos San Agustín: porque como tenía herido el corazón de amor de Dios resultaba en deseos de comodidades caritativas a sus próximos.

Y como el traernos Dios a sí, para unirnos con él, es mediante la fuerza e impulso de su divino amor quería con el amor que participaba de Dios, ser instrumento de atraer las almas para Dios; a quien hemos de agradecer el amor que nos tiene y amarle, para ser útiles a los nuestros: y aunque Dios es el que atrae y llama Cristo adjudicó esta eficacia al Eterno Padre: con que a buena ocasión llega la última petición al Padre: Y *no nos dejes caer en tentación, sino que nos libres de todo mal.* Porque en inteligencia particular el Padre Eterno era el que estaba sentado en este Trono y los dos serafines el Hijo y el Espíritu Santo. Será muy cierta la petición y muy dulces las esperanzas, con asistencia del Hijo y del Espíritu Santo, que tanto saben del divino amor.

MEDITACIÓN PARA LA TARDE

Bien han mostrado en la mañana los serafines el amor que tienen a los hombres, originado del que tienen a Dios: pues al punto que vieron a un hombre clamando contristado, y reclamando afligido, le acudieron caritativamente, habilitándolo para que se ofreciese al servicio de Dios, y con amor ministrase.

Y así claro está que han de esperar también en sus coros a las almas bienaventuradas. Estas (prosiguiendo y cerrando la doctrina del profundísimo San Vicente) son las que se esmeraron en amar a Dios de veras, y con efecto; tanto que como una candela cercana al fuego se deshace: así ellas con la memoria y amor de Dios se enternecen, endulzan y destilan en lágrimas determinadas a padecer con Cristo fundando en seguir su Cruz todo el amor.

¡Oh qué bien entenderán esto las almas amantes de Dios! Ellas habían de ser las comentadoras de esta materia: que hablar de amor de Dios pide maestros entendidos, y oyentes experimentados; que si unos y otros no son sabios ¿qué han de hablar? ¿Qué han de entender? Dulzura es de San Agustín y confusión mía este breve rato.

Aunque Dios siempre por diversos caminos muestra el amor que nos tiene, el principal y soberano es el de la Cruz: por mostrarnos que la recompensa más agradable para él es la imitación de su Cruz.

Todavía está el jeroglífico y profético enigma a nuestros ojos: atendámosle con la glosa y hallaremos que el Tribunal y Solio levantado, en que Dios hombre asistía majestuoso y venerado es su Cruz donde contemplándole atentos aquellos abrasados espíritus serafines, se admiraban suspensos y se suspendían admirados, que un Dios infinito y eterno se humillase tanto y se dedicase a que encarnado muriese en la Cruz.

Suspensión y admiración, que pasó a demostración grande y expresa reverencia, porque (según reparó y admiró San Germán) el estilo y disposición de las seis alas, dos levantadas en alto, dos por lo bajo, y dos desplegadas y tendidas del pecho era propiamente una Cruz con que se ostentaban y gloriaban, y representaban crucificados como lo estaba su dueño sacratísimo.

¡Grande misterio de parte de Dios, elegir la Cruz a semejante ocasión y en ella los Ministros Seráficos esmerarse a seguirle, y relevarse en estampa expresa de crucificado! Sí, que era forzoso; porque asistía entre serafines, que son los de la escuela de su amor divino: estaba leyendo cátedra del amor que nos tiene, y el que debemos tenerle: pues como el punto más profundo, la ponderación más viva es haber muerto en Cruz, pone su asiento en Cruz; y los serafines, siendo los mejorados en amor, son más obligados en la imitación para enseñarnos amor a la Cruz como han hecho; que así entiendo el suceso del Santo Patriarca Jacob, cuando dormido en los campos de Aran vio la prodigiosa Escala, y asistencia de Dios en ella, y Ángeles cuidadosos, que bajaban y subían por ella a todo consuelo, gusto y alegría.

Es de notar estos desvelos de los Ángeles y que, olvidados de sus alas, a pasos contados bajaban y subían. Discurrí, y hallé en una palabra mi deseo: que aquella Escala era símbolo de la Cruz (¿quién pudo enseñarme esto sino mi Agustino?) Con que entiendo, que los Ángeles, tan deseosos de Cruz, y enamorados de ella, para mostrar el que tienen a Dios, viéndole allí arrimado en lo superior, cargándola quisieron gozar y lograr aquel rato, y pasearse por las gradas de Cruz, y quizás avisando y revelando al Patriarca el amor que él y todos los hombres deben tenerla.

Y no es solo pensamiento mío, sino fundado en lo que dice San Alfredo que los Ángeles Custodios tienen orden y mandato de Dios que perpetuamente nos estén inspirando y acordándonos su Cruz, imprimiendo en nuestros corazones su memoria; y para librarnos de los vicios, ofrecernos contra cada vicio una virtud de la Cruz: acción piedad y cuidado, que diga y acuerde el amor que Dios nos tiene y recuerde el que le debemos tener.

Fieles vivamente nos enseñan, animan y reconvienen los Ángeles y más los serafines, a tan santa y necesaria obligación. Pues en verdad, que con otro derecho más antiguo nos reconviene.

Reconozcámoslo con desengaño y acuerdo. Llega el tiempo en que Dios ha de formar al hombre y con soberana consulta elige el barro y atento le vivifica, imprimiendo en él su imagen y semejanza. En esta obra y primitivo prodigio de la naturaleza humana se hallaron dos cosas, la una (y es de Tertuliano) que, aunque Dios se ocupa todo con atributos y cuidados el principal fue el de su amor. La otra (y es de Oleastro) que formó Dios al hombre a imagen de Cristo Crucificado.

De manera que la prevención de que había de salir a su imagen y semejanza se redujo a la Cruz. Bien se infiere que el amor que Dios estrenó con el hombre criándole fue con atención a su Cruz, que fuese siempre testigo de lo que amaba: y la recompensa del hombre fuese amarle en Cruz trayéndola siempre impresa como carácter en su alma y expresa en la figura y forma corporal; que la del hombre no es otra cosa sino un cuerpo crucificado.

Y podemos también entender, que fue darnos desde luego instrumentos para subir al Cielo, y avecindarnos al Coro de los Serafines, porque éstos en la excelencia de sus alas tenían una grande, de que asistían de asiento, y volaban veloces con las alas, que formaban la Cruz.

Podemos consolarnos, que desde ahora, aunque estamos vecinos de la Tierra, podemos tratar también de bolar con la Cruz, y sea la que dice el divino Agustino: una vida cristiana, una vida virtuosa, una vida mortificada, una vida humilde, una vida perfecta.

Con ella podemos subir al Coro de los Serafines, que esta es la misericordiosa omnipotencia de Dios. Le dice San Bernardo al demonio, dándole invectiva, y reconviniéndole en su desdicha: advierte desdichado, atiende precito, repara condenado, que Dios, no solo sabe formar y crear de los hombres nuevos Ángeles de inferiores jerarquías, sino de la suprema, que son los serafines, en cuya compañía estén perpetuamente alabando y celebrando con amor la santidad de Dios; ya que la cárcel del infierno es correspondiente a ésta , para sus malditos blasfemos que allí pagan el atrevimiento que tuvieron en vida.

Y pues pretendemos bolar al Coro de los Serafines dos alas nos han de remontar que son la vida y la muerte. Pidamos a María, que como Ave llena de gracia nos aliente estas alas: *Rogando por nosotros ahora y en la hora de nuestra muerte.*

Meditación para la noche

Conociendo sin duda que esta noche es la última de la devota novena, parece que los dos Santos por cuya mano y doctrina se ha pasado misteriosamente se han convenido para avisarnos y enseñarnos el lugar y sitio en donde hemos de dejar colocada a nuestra Madre sacratísima, dulcísima Maestra y Compañera milagrosa. San Bernardo nos advierte, que este Trono levantado, y majestuoso sitial y era compuesto, fabricado y formado de todo el entero número de los Ángeles; y como entre todos son los serafines los preeminentes y supremos, se mostraban ellos los Ministros más declarados en aquella soberana asistencia.

San Vicente Ferrer, en el Sermón citado al principio dice que después que Cristo, a petición de la Virgen, le había declarado el orden de los nueve Coros de los Ángeles, y la elección de los bienaventurados en ellos, le preguntó, diciéndole: Hijo querido mío ¿en cuál de estos Coros he de ser colocada? Y le respondió: Madre mía, tú eres superior y aventajada a todas las criaturas Angélicas y humanas: a cuya causa tu asiento y lugar ha de ser sobre todos los Coros de los Ángeles, a mi lado: privilegio reservado para ti.

Con que forzosamente esta noche la hemos de considerar y venerar presidiendo en el Trono donde están los Serafines; y entender que si ahí es Dios Maestro de su amor está gozando María de esta preeminencia. Por boca del Espíritu Santo la publica en el capítulo veinte y cuatro del Eclesiástico.

Yo soy (dice la Virgen) la Madre hermosísima del Amor divino. ¡Oh qué bien merecido título! ¡Oh qué bien ajustado renombre! ¡Oh qué atributo tan bien desempeñado! Las propiedades del amor de Dios hemos sabido ¿qué consisten en los afectos con que se comunica en bien y utilidad de los próximos.

Al punto que María Virgen recibió en sus entrañas al encarnado Verbo, llenándola de todo amor, a toda prisa, ansias y velocidad caminó a las montañas de Judea, a comunicarlo al niño Juan también. Consiste en abrazar la Cruz, contempló San Buenaventura tiernamente que al instante que el Verbo Divino encarnó en María, se arrodilló y puso en Cruz los brazos.

Fue formar la primera Cruz en su vientre y como quien tanto había de estimarla, pues fue su compañera fidelísima en el Calvario. ¿Quién puede mejor que María enseñar amor de Dios? Dígalo este Nuevo Mundo adonde vino surcando mares y capitaneando ejércitos para ganar almas y encender serafines cristianos.

Entre todos pueden hablar, y gloriarse sus dos Juanes, a quienes ansiosa, caritativa y abrasada buscó, solicitó, obligó, llamó, enseñó y logró, dándoseles a sí misma, por mostrar, que el amor ahí obraba la generosidad, que siempre lo acredita, dejando unos serafines discípulos y recompensadores que la amasen. Atención y devoción a la prueba.

Estos dos serafines se retratan en el Santo Patriarca Booz: tenía en Bethlen su granja y morada en el campo, llegó Ruth peregrinando: a buen consejo se inclinó a la casa de este Padre venerable, que sabiendo quien era y con toda cortesía la recibió, con toda caridad la detuvo, y con toda generosidad la convidó a que asistiera siempre a su mesa a comer y beber con sus zagalas segadoras, mandando a sus sirvientes, que de industria le soltasen de sus manojos espigas con que se sustentase ; y encarecidamente la pidió no se fuese a otro campo, que aquel estaba a su comodidad.

Conoció la hidalguía de Booz la prudente Ruth, y asistió muchas veces; y si Booz la mostró amor y caridad, la recompensó agradecida. Hasta aquí toca al serafín de los Remedios.

Vino la Virgen de España en su imagen, peregrina en todo, descubrióse y aparecióse en el monte a Juan; alegre la llevó a su casa humilde y choza abreviada, donde la acarició con sencillez santa, le daba sustento de tortillas, huevos, y otras cosas de su usanza.

La Virgen se subía a su puesto primitivo y él repitiendo la subida al monte, la buscaba, la volvía, la encerraba en una caja, y suplicaba no se le fuese, mandando con afecto a sus sirvientes, la acudiesen y regalasen: y al fin, se aposentó en su compañía diez años. Amor de serafín, que con las alas y sombra de su casa, la sirvió devotamente cuidadoso.

Ruth, habiendo experimentado la caridad de Booz, no se contentó con acudir a veces, sino que lo solicitó por esposo, entrando una noche donde él dormía, y arrojándose a sus pies se cubrió con su capa. Despertó el Patriarca, y conociendo quien era, agradeció este favor más que los otros. Ruth le dijo: Yo soy tu criada humilde, te pido, te suplico me cubras con tu manto: fue a pedirle la eligiese por su esposa. Booz la consoló, y prometió serlo: dicha que celebran, y dicen, quiso Dios, con darle a Ruth, premiar su fe, y darle mujer, asombro del mundo. Esto pertenece al serafín Juan de Guadalupe.

Habiendo conocido la Virgen la puntualidad, amor y cuidado con que había sido embajador de sus mandatos, para pagarle enteramente, como Ruth humilde, le pidió su manta, y llenándola de flores milagrosas en presencia del Prelado, le descubrió su imagen, donde se efectuaron espirituales desposorios, dotando (digámoslo así) a la Virgen, en lo que tenía vestido; y la Virgen a él en las flores: que es el dote que el Espíritu Santo le señaló, dándole el Paraíso, que perdió Eva (concepto es de buen autor).

¡Oh Serafín amante de María, y dadivoso aficionado! En verdad, que aunque fue tan pobre la dadiva de la manta, que fue mayor que la de los otros Serafines en las alas; porque comparando y confrontando éstas con haber dado Josef y Nicodemus a Cristo la sabana para su mortaja, dice San Epifanio, que ha de preferir la sábana, porque los Serafines, aunque ofrecían las alas, se quedaban con ellas, sin perder ni una pluma: más aquellos dos caballeros se desposeyeron de la prenda.

Gloria es para ti, mi venerado Juan, que ya que diste, fue desposeyéndote de la manta, y sirviendo a María Virgen, con tu dichoso compañero y serafín de los Remedios. Y pues vosotros (hablo con los dos para cerrar la noche) quedáis en su presencia, asistiéndola, y gozando su amor, comunicadnos de él.

Y os pedimos, que pues los dos Serafines alaban a Dios y a su Madre Virgen con un cántico en Trinidad de palabras: *Santo, Santo, Santo,* ofrezcáis los dos otra Trinidad de aclamaciones, para merecer, por intercesión de María, el Cielo, prometido a los Fieles. *¡Oh clemente! ¡Oh piadosa, dulce Virgen María!*

MEDITACIONES ESPIRITUALES
PARA VOLVER A LAS NOVENAS

María fue la última palabra con que cerramos la noche: sea pues María la primera que abra la mañana; para que las dulzuras de este santo nombre alivien las amarguras de este día que siendo el de la vuelta de los Santuarios y milagrosas Ermitas y forzosamente ha de contristar a los corazones devotos que tan hallados asistían. ¡Oh pensiones de los días en el mundo, que no pueden, ni saben dispensar con la propiedad forzosa de ser días de peregrinos caminantes!

Dígalo Elías que estando durmiendo a la sombra del árbol le despertó el Ángel y le mandó que caminase, que era el viaje dilatado. Habló con José el Patriarca, Esposo de María, que hallándose quieto y en su compañía, y la de Jesús, su sacratísimo Hijo, le avisa el Ángel salga a toda priesa camino de Egipto. Acordémonos de nuestro Padre San Pedro, asistiendo en el Tabor, quiso ahí permanencias de gloria y en breve se halló sin ella, y obligado a bajar. Que días en el mundo, aunque sean en sitios escogidos, al mejor tiempo llaman a caminar, a peregrinar y pasar.

Y así, aunque los Ángeles, que llegaron al tabernáculo de Abraham y Sara, se aposentaron gustosos, y han asistido, se ha llegado la hora en que tratan de salir y proseguir su viaje, como peregrinos, y nosotros con ellos, pues han sido nuestros Compañeros y Maestros en la venida y estadía, lo han de ser de la vuelta.

MEDITACIÓN PRIMERA

Los Ángeles acabaron de comer; y lo primero que preguntaron al Patriarca Abraham, que les había servido a la mesa fue por Sara, su esposa, ¿a dónde estaba y asistía? Él respondió que en el retiro del

Tabernáculo. Singular pregunta, pues cuando entraron no lo hicieron y ahora que acaban de comer fue su primer cuidado. ¡Oh atenciones de Ángeles! Habían recibido el beneficio, el pan y la comida de Sara; y lo primero que pretenden y buscan es agradecer la limosna, socorro y alivios: agradecimiento debido. Oigamos todo este rato al discreto Rey David.

Confiesa que Dios es su Pastor cuidadoso que en el campo le gobierna y rige, como a su oveja: refiere los desvelos amor y beneficios que por instantes recibe de su mano en todas las necesidades y peligros; y señala con singularidad: ¡Oh mi Dios! os debo tanto que me pusisteis mesa, tal, que me sustente, y me defienda de mis enemigos. Conoció David, que cuidar Dios de ponerle mesa, y sustentarle en el campo, es digno y justo agradecimiento para publicarlo, confesarlo y agradecerlo; como al contrario inútil ingratitud olvidarse.

Él mismo, hablando en persona de Cristo con el apóstata Discípulo, entre las reconvenciones de su endemoniada ingratitud señala con vivos sentimientos, que había comido con él a una mesa que le había partido de su pan, y asistido a su compañía: que olvidar semejante amor y beneficio es muy de un Judas. Agradecieron los Ángeles el hospedaje y sustento. Sea la imitación así.

Ya se ha pasado la novena: en ella hemos recibido acogida, abrigo, beneficios y sustento espiritual. Al punto debemos preguntar por María sacratísima; y volviendo de nuevo a visitarla en su Altar ponerle de nuevo el corazón a su mano que la hable agradezca y reconozca, valiéndonos del estilo y suceso de Abigail y David. Se halló este Príncipe afligido y desaviado de sustento con sus soldados: envió a Nabal el poderoso avariento de aquel campo, pidiéndole socorro pues tanto le sobraba. El inhumano y bruto en las palabras, despidió a los ministros Reales. Lo supo Abigail, esposa de Nabal, mujer hermosa y prudente (propiedades que pocas veces se hermanan; porque la hermosura suele desvanecer y divertir a la capacidad mayor) dispuso pan, vino y carne, y sin dar parte a Nabal, se apresuró al camino a encontrar al afligido Monarca, que venía irritado de la descortesía y crueldad del bárbaro poderoso.

Al punto que lo divisó, apeándose, y humillándose, le ofreció con humildad y respeto lo que le traía de socorro, con título de bendición, pidiéndole perdón para Nabal. Que bien se conoció era la dádiva con ánimo de Dios, y voluntad caritativa 5 que comúnmente dadivas y regalos, o son cuidados de la lisonja o padrinos de los intereses, o fiscales de los desvalidos. El Rey Santo los recibió, mostrando desde luego la gratitud de Príncipe, en apiadarse, y la estimación, en decirle a la generosa: Bendito sea Dios, que te envió para reportarme: benditas tus palabras, lenguaje y razones; y toda tú bendita. Quedándole tan en memoria el socorro que recibió en el campo, que corriendo días la eligió por su esposa: juzgando que no tenía recompensa que pudiera ajustarse a la dádiva, tan en necesidad, sino era dándose a sí mismo y que supiese el mundo quién era Abigail.

Tú, el que has asistido en el campo, y has logrado la novena en Tabernáculo y Santuario de María, en el que te ha cabido, medita tiernamente cómo llegaste afligido, cuidadoso y necesitado, o temporal o espiritualmente, que cuan do te negaban el remedio, o los tiempos o los inconvenientes, cuando no esperabas salud de los médicos y medicinas, cuando tus causas y comodidades se empeoraban entonces la hallaste piadosa, te ofreció pan y carne y vino todos manjares que significan divino sustento.

Arrodíllate humilde, y dila: Sacratísima Virgen esclarecida Señora, y milagrosa Reina, de vuestra mano como David he recibido el socorro en este campo vuestro: mi Abigail misericordiosa habéis sido: con reconocimiento cristiano exclamo: Bendito sea

Dios que nos dio tal Mujer, tal Reina, tal Madre: benditas vuestras palabras con que intercedéis por los pecadores: benditas vuestras razones que tanto valen: bendito vuestro lenguaje, que tanto persuade; bendita toda Vos, pues sois toda bendita para remedio del mundo. No tengo con que satisfacer Madre querida mía, que palabras tan tibias como las mías, ecos tan sin espíritu, clamores tan humildes, es imposible basten a recompensaros. Y así como David me dedico, consagro, ofrezco, adjudico y publico por vuestro: deseando quedar transformado en Vos, para llevaros transformada en mí que esta es la dicha del que os ama de veras.

Meditación segunda

Habiendo preguntado los Ángeles por la santa Sara, y sabido estaba en el tabernáculo, le prometieron había de tener un hijo. Ella se rió, porque era ya vieja, y los años corridos tantos que imposibilitaban el efecto: más no por eso desistieron de la promesa, antes la ratificaron que, si Sara atendía solo a lo natural, Dios a lo sobrenatural; pues se prometía en aquel hijo que fue Isaac, al Verbo Divino en las Entrañas de María Virgen.

Esto debe y merece con devoción y consuelo espiritual meditarse; y de rodillas suplicar a la Virgen, diciéndola; María soberana, Sara divina esta promesa fue de vuestro Isaac Jesús en quien están significados todos los hijos espirituales vuestros que con él se concibieron en vuestro vientre merezca yo lugar y título de tal hijo, y llevar este consuelo por premio y prenda de esta novena que os he dedicado.

Pido favor con muy bien fundadas esperanzas porque así lo prometisteis a los que os buscaran, visitaran y asistieran en vuestros Santuarios. De las palabras de la santa Esposa a su querido, en los Cantares lo infiero: y si fuere adelantamiento el querer glosarlas y reconveniros perdonadme Madre purísima: *¡Oh querido mío, salgamos a espaciarnos al campo hagamos noche y jornada en las viñas, madruguemos a las viñas a ver si están floridas y fecundas; y en pago de esto te prometo, a ley de lo que te amo y agradezco tu compañía, que ahí te daré mis pechos, dulces archivos de mi amor, y manantiales de mi voluntad.*

De Vos las entiendo, Señora mía, que convidáis a las almas a vuestros campos, viñas de Santuarios, y viñas de las Ermitas; y ofrecéis por premio de la asistencia y compañía vuestros pechos, que como en sagrado retiro comunicáis. Y para avivar lo que os pido, y obligaros a que lo concedáis y alegó el ejemplar primero de estas esperanzas.

El primero que os dedicó novenas, y las pasó de nueve meses en vuestro vientre purísimo, con atención de los nueve Coros de los Ángeles, fue Jesús, vuestro Hijo santísimo y Redentor nuestro: y el premio de ellas al punto que las acabó, y salió de vuestro Santuario, fue alcanzar vuestros pechos, y recibir el sustento; favor amoroso, y cuidado singular, porque como refiere San Vicente Ferrer, habiendo nacido el Niño soberano, os hallasteis sin leche con que acudirle, y queriendo José, vuestro purísimo Esposo, ir a buscar alguna piadosa mujer que se la diese, le respondisteis, que no.

Con que arrodillada con todo afecto, le pedisteis y suplicasteis al Padre Eterno os diese leche, porque no la teníais, habiendo sido toda obra del Espíritu Santo.

Y al punto milagrosamente se llenaron vuestros pechos de leche en abundancia. Piadosamente, sagrada Madre y Virgen sacratísima, darle vuestros pechos al primero que nos ensenó novenas en vuestra compañía; fue señalar el premio y consuelo espiritual a los venideros devotos.

Y así por boca de la Esposa estuvieron prometidos en profecía, y se vieron concedidos en experiencia. Esos pechos os pido: que aunque no he pasado esta novena con el amor, cuidado, recogimiento y espíritu que debía, suplidme como piadosa, perdonadme como Reina, y acudidme como Madre mía y de todos los Fieles, en cuyo nombre os está siempre demandando esos pechos el elocuente Padre y Arzobispo profundo San Pedro Crisólogo, María Virgen divina Señora esos vuestros pechos, son vuestros, son de Dios, y son nuestros: vuestros como Madre de Dios: de Dios Hombre como de vuestro Hijo que se crió con su leche: son nuestros, porque como infantes estamos siempre colgados de ellos, anhelando por su licor dulcísimo, de vida, de fe y de todas virtudes.

Meditación tercera

Antes de la promesa del hijo, la habían hecho de volver a ver el Tabernáculo; y después repitieron que teniendo vida los dueños volverían. Es muy de ponderar el cuidado con que se ratificaron que volverían sin duda a visitarlos. No me espanto, que como en la esfera humana y gratitud de los hombres es tan dificultosa la memoria del lugar y casa donde se ha recibido el beneficio; antes sucede huir como de algún fuerte o castillo del enemigo más corsario, y que admitiera el bienhechor un olvido por entero, más que una ingratitud paliada.

Procedieron con estilo de los Ángeles, que deben guardar y seguir los que, habiendo recibido mercedes de Dios, y esperan recibir otras, no se olvidan de la menor circunstancia que tuvieron a la ocasión. La prueba es la más común y repetida en este escrito.

Atribulado caminante llegó el santo Patriarca Jacob a los campos de Aran: la noche le embargó el cuerpo y el alma j el cuerpo durmiendo en aquel sitio, sobre una piedra por almohada; el alma remontándose al Cielo, y contemplando, que le arrojó la Escala Dios, en ella Ángeles, que bajaban y subían, y promesas seguras para los venideros favores, sin pensarlos, para estimados más de veras, que la necesidad y la ocasión son los calificadores de los beneficios.

¡Oh qué puntual estuvo Jacob! Pues madruga, y pudiendo ponerse a recorrer lo sucedido, acude a la tosca piedra, la unge con veneración la levanta y afirma y firma en ella su corazón. Estuvo discreto, noble, agradecido, ejemplar, devoto, singular, raro y santo.

Volvió todo lo que había recibido en aquella piedra y que hallándose sin otra prenda, apreció con su gratitud la dádiva tan misteriosa, que aunque no declaró lo que en aquel lugar había recibido, perpetuó el título, dignidad y veneración del sitio; suplió con el Padrón memorable cuanto deseaba: y no le salió en balde, antes muy de comodidad; pues en otras ocasiones de trabajos, cuidados y peligros lo remitió Dios a este lugar de Bethel acordándole la piedra para que conociese, que quien sabe acordarse y venerar el sitio donde recibió favores, solicita la generosidad del dueño ocasiones para proseguirlos.

Estas verdades, experiencias y misterios están reconviniendo a todos los fieles que vienen a este campo atribulados, afligidos y desconsolados. Hallan el sitio y lugar milagroso de vuestro Santuario puerta del

Cielo, y clima de mercedes: estas piden memorias y vueltas a visitarlos; yo las debo, Virgen santísima; yo os las prometo: Escala soberana; yo las conservaré Tierra bendita; y quisiera desde luego dejar prenda insignia o jeroglífico que publique vuestros beneficios y mi reconocimiento.

Y bien pudiera valerme de la piedra del agradecido Jacob pues representó la piedra ungida a Cristo vuestro Hijo, que es la satisfacción, recompensa y desempeño de todos los fieles: para que esta piedra, aunque esté a vuestros ojos permanente asista también a los de mi entendimiento y voluntad: para que despierte mi memoria más en particular, dejo en mi nombre para cada día de los que me habéis hospedado, consolado y sustentado una piedra, un Coro de los Ángeles, que con figura y jeroglífico de nueve piedras preciosas están significados los nueve Coros de los Ángeles. Reconvención, que el Profeta Ezequiel, en nombre de Dios le hace a Lucifer, de haber perdido la compañía y asistencia de estas nueve piedras.

Quede cada una para su día, y memoria mía; pues al precio de cada piedra, he granjeado magisterio. Queden estas piedras por lámparas pendientes de este Santuario, que os sirvan, alumbren, y alaben. Que si la piedra asbesto, que dedicaron por lámpara a la diosa Venus, ardía perpetuamente sin apagarse, obrando ahí prodigios la naturaleza de la piedra (el autor es de luz, San Agustín) mejor obraran piedras angélicas a obediencia de la gracia.

Y porque el tiempo me apresura a salir de vuestra presencia y Ermita divina, Madre e inmaculada Virgen, en cada una de estas piedras quiero escribir la protesta, que os tengo prometida con el Salmo 133.

Caminaban cautivos a Babilonia los hijos de Israel; llegaron a sus caudalosos ríos, en donde se sentaron, y comenzaron a llorar tiernamente (quizás para que sus lágrimas fuesen las más prestas embajadas de su llegada) entre sollozos, suspiros y ansias, protestaron las memorias de su querido Jerusalén y Santuario, condenándose y gravándose con penas, si acaso la olvidaran: y cogiendo los instrumentos sagrados, y músicos ministriles, los colgaron en troncos de los sauces que son símbolo de las esperanzas, por ser el sauce un árbol, que aunque se vea desnudo, seco y destrozado, con facilidad reverdece. Yo me considero, sagrada María, y bien de mi alma, el día de hoy, en este lance, que voy cautivo a Babilonia, al tráfago, bullicio y confusión de la ciudad, ausentándome de vuestro Santuario, Jerusalén de quietud, paz y sosiego.

¡Ojalá tuviera lágrimas que significaran mis sentimientos! Más lo duro de mi pecho, lo empedernido de mi espíritu las estorba. Ratifico las memorias, prometo no olvidaros, y todos los instrumentos de mi alma dejo colgados en vuestra presencia, en sauces de esperanzas cristianas.

MEDITACIÓN ÚLTIMA

Salieron los Ángeles del Tabernáculo, acompañados del piadoso Abraham, a quien en el breve espacio de la compañía le declararon el fin de su viaje, por favorecerlo con el secreto. Despidiéndose de los Ángeles, volvió a su choza y Tabernáculo, con Sara su amantísima Esposa.

El designio y viaje fue castigar a Sodoma y a sus ciudadanos lascivos. Llegaron a ella los Ángeles a la tarde: los hospedó caritativamente Loth en su casa, y le valió la vida, pues no solo le libraron, y a toda su familia, de los atrevidos vecinos sino de perecer en el incendio, sacándolos de la ciudad y asegurándolos del peligro en que la nefanda ciudad, y todos los suyos murieron abrasados y convertidos en cenizas. Esta es, fieles, la última meditación y muy necesaria.

Los Ángeles han sido nuestros fidelísimos compañeros: ellos nos guiaron al Santuario de la Virgen, en él nos asistieron como Maestros ensenándonos el modo espiritual con que pasamos los nueve días. Y ahora acabados han vuelto en su compañía: acciones y obras que piden singular gratitud, reconocimiento y amor.

A cuya causa con todo el corazón, humildad y consuelo debemos ofrecerla y con toda instancia arrodillados, suplicarles y pedirles queden con nosotros por compañeros maestros y defensores, considerando que cada uno de nosotros que vivimos en el mundo y en cualquier sitio, es ciudad peligrosa, donde se arriesgan las vidas espirituales y temporales, y que necesitamos de su mano, asistencia y esfuerzo, para que nos defiendan, hasta que nos saquen a salvo, y nos aseguren el remedio. Y pues tan puntuales estuvieron en agradecer a Loth el hospedaje de una noche, más lo estarán si en nuestros corazones, almas y espíritus les ofrecemos perpetuamente, fiando que admitirán piadosos, y no se designarán humildes; antes admitirán agradecidos, y se esmerarán piadosos. Podemos fundar esta súplica, venerándolos arrodillados, y alegando lo que refiere de su amor y caridad con nosotros el divino Vicente, Ángel del Apocalipsis, y devoto Maestro, tratando el estilo de los Ángeles, de sus Coros, dignidades y ocupaciones.

Al punto (dice el Santo) que el alma virtuosa, y que ha vivido para merecer la gloria, está en extremo y aprieto de la muerte, su Ángel Custodio, alegre., informa a Dios de sus virtudes y estado.

Dios Hombre, y soberano Redentor, manda al Arcángel San Miguel envíe cincuenta o cien mil Ángeles que la asistan, acompañen y consuelen, librándola de los demonios. Con que los Ángeles, en fe del amor que tienen a los hombres, con santa emulación se ofrece cada uno, y bajando, obran lo que les mandan, llenándose de ellos la casa, hasta que muere, y después ellos la suben al Cielo.

¡Oh fidelísimos compañeros, o verdaderos amigos quedaos con nosotros, vivid con nosotros, para que sepamos merecer vivir con vosotros; y que de esta peregrinación del mundo vamos al descanso del Cielo!

¡Oh qué descanso! Oigamos, fieles, el breve epílogo, que de aquélla, y éste hizo el devotísimo San Agustín, para que si él nos dio la llave de oro, con que abrimos el asunto de estas novenas, en el dulce libro de su manual, nos dé la misma, para cerrarlas, en un capítulo de sus tiernas meditaciones.

¡Oh lo que siento, Dios mío y Señor mío! Esta prolija, penosa y dilatada peregrinación. La vida del siglo, vida miserable, vida caduca, vida incierta, vida trabajosa, vida desdichada, dueño de todos los males, vida que por instantes muere, vida, que no merece el título de vida, cuando en sus efectos es muerte, en quien diversos afectos son todos muertes.

Esta es la peregrinación. ¡Oh tu vida dispuesta para los bienaventurados dichosos! Vida, que vive, vida bienaventurada, vida segura, vida pacifica, vida hermosa, vida limpia, vida casta, vida santa, vida sin muerte, vida sin tristeza, vida sin dolor, vida sin ansias, vida sin corrupción, vida sin variedad, vida donde el que te alcanza está perpetuamente cantando a Dios alabanzas, en compañía de los Ángeles. Este es el descanso ¡Oh fieles! Aspiremos a él.

LAUS DEUS,
Et Betae Mariae Virgini sine labe conceptae

Novena de nuestra Santísima Madre de la Luz en unión con los coros de los Ángeles

Fr. Antonio Claudio de Villegas
(1804)

Protesta de la Fe y acto de contrición

En el nombre de Dios Todopoderoso, digo : que aunque he sido ingrato a los beneficios de Dios, soy cristiano por su divina gracia, de lo que me precio y glorío, por lo cual creo y confieso todo aquello que cree, confiesa y propone nuestra Madre la Iglesia : y para más claridad, gusto mío y pesar del demonio, digo y expreso que creo en el misterio de la Santísima Trinidad, Padre, Hijo y Espíritu Santo, tres personas distintas y un solo Dios verdadero.

Asimismo, creo (y agradezco por la utilidad que logro) el misterio amoroso de la Encarnación del Verbo; creo el admirabilísimo misterio de la Eucaristía; creo que es Dios remunerador, que premia a los buenos y castiga a los malos; creo que hay gloria, la cual espero gozar, confiado en la misericordia de Dios, para toda la eternidad. Creo que hay infierno, cuya duración es infinita, al cual van los que mueren en pecado mortal.

Finalmente, la profesión que hice, o en mi nombre fue hecha el día de mi bautismo, en donde renuncié a Satanás, a todas sus obras y pompas, reitero ahora, una y muchas veces; y en fe y creencia de todos los artículos y demás misterios de fe que enseña la Santa Madre Iglesia Católica, Romana, que predicaron los Apóstoles, y en los Concilios confirmaron los Padres, he vivido, vivo y viviré, y quiero morir; y si en algún tiempo, por sugestión del demonio, o astucia suya, o flaqueza mía, o por violencia de una calentura, dijere, presumiere o imaginare algo contrario a lo protestado, desde luego lo anulo, lo detesto y doy por inválido.

Y siendo, como es, ésta mi última voluntad e intención irrevocable, la confirmo en presencia de Dios, a quien pongo por testigo, y a la siempre Virgen María, y a todos los ángeles, santos y bienaventurados; y me pesa en el alma, y de todo mi corazón, de haber ofendido a Dios, por ser quien es, y a quien, porque le amo sobre todas las cosas, propongo no ofenderle más, y con su divina gracia confesar mis pecados, cumplir la penitencia que me fuere impuesta, y confío en su bondad infinita me los ha de perdonar. Amén.

Primer día
Habiéndose persignado, y hecha la protesta, se dirá todos los días la siguiente

Oración

Soberana Señora, Santísima María, Madre de la Luz por esencia, que con sólo un *fiat* que salió de tu boca, y formaron tus poderosos preciosísimos labios, hiciste visible a la invisible Luz, para que amaneciera a los que habitamos en las tinieblas y estábamos sentados en las obscuras sombras de la muerte.

Emperatriz poderosa, que saliste de la boca del Altísimo como la mejor Luz para vestir al Sol de la Justicia : gloriosísima Reina, que iluminas a todos los mortales, que ilustras a los ángeles, que llenas de claridad a los arcángeles, que influyes esplendores en los principados, que esclareces a las potestades, que llenas de reflejo a las virtudes; tú, que eres estrella y Norte de las dominaciones, el lucero más claro de los tronos, luna llena de alados querubines y hermosísimo sol de ardientes serafines.

Haz, Señora, en nosotros los oficios de ángel, para guardarnos; de arcángel, anunciándonos los más altos misterios; de principado, teniendo de nosotros providencia; de potestad, alejando de nosotros los espíritus malignos; de virtud, obrando en nosotros maravillas y milagros que muden nuestros corazones y los hagan de cera para que se derritan en amor de la Luz soberana, que es tu Hijo divinísimo.

Hazte cargo, Señora, de nosotros, y, como dominación, gobierna nuestras almas; llénanos de la luz de los santos como querubín santo, e inflámanos en el amor de tu Hijo y en el tuyo como el serafín más ardiente, para que en todo le sirvamos a tu Hijo, y te agrademos, en especial en esta tu novena, que consagramos a tu culto y obsequio: haz, Señora, que sea de tu agrado, y para eso daños un rayo de tu luz, que nos encamine a tu Hijo celestial, que vive y reina por los siglos de los siglos. Amén.

Se rezan nueve Ave Marías en honra de la Santísima Madre de la Luz, por luz de los nueve coros de los ángeles, y se dice la siguiente

ORACIÓN

Nuncios celestiales, espíritus soberanos, embajadores de Dios nuestro Señor, destinados por Su Majestad para nuestra defensa, guarda y custodia; fieles vasallos de la Emperatriz soberana, Madre de la Luz por esencia: rendidamente os suplicamos presentéis por nosotros a vuestra celestial Reina estas Avemarías, dándole de nuestra parte las enhorabuenas porque mereció ser custodia, guarda y defensa del humano Verbo, que ilumina los Cielos y la Tierra para total remedio de los hombres, que redimió a costa de su sangre y compró con su vida, que goza y gozará por las eternidades.

SEGUNDO DÍA

Dicha la protesta y oración Soberana Señora, se rezan las nueve Avemarías y se dice la siguiente

ORACIÓN

Arcángeles soberanos, defensores de las ciudades, embajadores extraordinarios del Altísimo, que siempre traéis a la Tierra la revelación de altísimos misterios; asistentes gloriosísimos del más supremo trono : rendidos os suplicamos presentéis a vuestra Reina, la

Madre de la Luz, Señora nuestra, estas Avemarías, felicitándola de que fuera escogida para guarda y defensa de la grande, hermosa y divina ciudad del humano refugio, y por haber sido en la que se nos revelaron los más altos misterios, y pedidle que sea para nosotros la ciudad del refugio y nuestra Madre, para que, como a tal, en vuestra compañía la bendigamos y alabemos por las eternidades. Amén.

Tercer día
Dicha la protesta y oración Soberana Señora, se rezan las nueve Ave Marías y se dice la siguiente
Oración
Principados del Empíreo, guarda, custodia y defensa de reinos y provincias, que puso a vuestro cargo el superior Monarca, Rey de reyes y Señor de señores: rendidos os pedimos que presentéis por nosotros estas Avemarías a la Santísima Madre de la Luz por esencia, dándole los parabienes por haber sido la custodia y defensa de ese grande Monarca y Rey de reyes, que quiso estar sujeto a la misma Señora; pedidle por nosotros que, pues tiene en su mano al mismo Dios, nos abra aquella mano, para que su mismo Hijo nos llene de sus bendiciones a todos, para que en vuestra compañía lo bendigamos todos en la gloria. Amén.

Cuarto día
Dicha la protesta y oración Soberana Señora, se rezan las nueve Avemarías y se dice la siguiente
Oración
Potestades sagradas, a quienes dio el Altísimo poder de desterrar los espíritus malignos para que no nos dañen humildes os pedimos ofrezcáis por nosotros a la Madre Santísima de la Luz por esencia estas Ave Marías,

dándole muchas gracias porque quebrantó la cabeza de la infernal serpiente; y pedid por nosotros aparte de nuestros corazones todas las sugestiones y asechanzas del común enemigo, para que con conciencias limpias y puros corazones consigamos ser vuestros compañeros en sus loores por la eternidad toda. Amén.

QUINTO DÍA
Dicha la protesta y oración Soberana Señora, se rezan las nueve Avemarías y se dice la siguiente

ORACIÓN

Virtudes celestiales, espíritus sagrados que obráis las maravillas y milagros que exceden las fuerzas y poder de la naturaleza: rendidos os pedimos ofrezcáis por nosotros estas Avemarías a la que, como dice San Ignacio Mártir, fue el celestial prodigio, o como dice San Efrén, el más excelente milagro de la Tierra, y a la que vio San Juan toda llena de luces, por ser el mayor milagro de los Cielos: pedidle que obre la maravilla, el gran milagro de convertir nuestros corazones, que son duros, de piedra, y aun de bronce, en blandos, dóciles y amantes de Dios, nuestro Señor, y de tu misma Señora, que a la diestra de su Hijo vive, y con él reina por todos los siglos de los siglos. Amén.

SEXTO DÍA
Dicha la protesta y oración Soberana Señora, se rezan las nueve Avemarías y se dice la siguiente

ORACIÓN

Altas dominaciones, inteligencias puras, que a los espíritus celestiales, vuestros inferiores, destináis a diferentes ministerios: ofreced por nosotros estas Avemarías a la Madre Santísima de la Luz por esencia, que como tal domina con vosotros corno Reina, y alcanzadnos de esa Emperatriz soberana que domine en nosotros, nos mande y nos gobierne según la voluntad de su Santísimo Hijo, para que, sirviéndole en esta miserable vida, le bendigamos y alabemos en la eterna. Amén

Séptimo día
Dicha la protesta y oración Soberana Señora, se rezan las nueve Avemarías y se dice la siguiente

Oración

Majestuosos tronos, en quienes Dios habita como en debido asiento, y por quienes dispone sus altísimos e inescrutables juicios: postrados os pedimos presentéis por nosotros estas Avemarías al mejor, más excelente y grande trono, en quien Dios descansó, y en cuyo vientre cupo el que los Cielos no pueden abarcar: María Santísima, trono de los mayores divinos esplendores, pedidle que salgan de ese trono, un rayo de amor de Dios que inflamen nuestros pechos para amarle y servirle en esta vida y gozarle después en la bienaventuranza. Amén.

Octavo día
Dicha la protesta y oración Soberana Señora, se rezan las nueve Avemarías y se dice la siguiente

Oración

Alados querubines, inteligencias sacras, que resplandecéis en la sabiduría con la plenitud que os dio el Todopoderoso: os pedimos ofrezcáis a la divina Madre de la Sabiduría humanada estas Avemarías, para que la Señora nos alcance de su Hijo la ciencia de los santos, que con ella sabremos agradarle y servirle en esta vida, para que después nos ilustre en la eterna. Amén.

NOVENO DÍA
Dicha la protesta y oración Soberana Señora, se rezan las nueve Avemarías y se dice la siguiente

ORACIÓN

Ardientes serafines, amorosos espíritus llenos de caridad, inmediatos a Dios, y superiores a todos los paraninfos celestiales en vuestro acatamiento: os suplicamos ofrezcáis estas Avemarías a la que siempre veis llena de caridad y dilección; a la que ama al Todopoderoso, no sólo como a su celestial Creador, sino también como a su Hijo; que nació de su vientre, fruto de sus entrañas y nutrido con el divino néctar de su seno, María Santísima, vuestra Reina y nuestra Soberana y Señora, para que nos alcance de su Hijo soberano perfecta caridad, para que, amando a nuestro Dios y a nuestros prójimos, caminemos seguros por el camino real, que es el de la gloria. Amén.

ORACIÓN PARA DAR FIN A LA NOVENA

Emperatriz sagrada del Empíreo, exaltada sobre los nueve coros de los ángeles y asistiendo a la diestra de vuestro Hijo, nuestro dueño Jesús, que, cual Sol de justicia, le formó de la luz soberana, que sois Vos, trayendo en sus divinas alas la salud para el género humano, porque Vos le vestisteis de carne en vuestras purísimas entrañas para que saliera al mundo misericordiosísimo.

Recibid, Señora, este corto obsequio, y alcanzadnos de vuestro Hijo divino la exaltación de nuestra santa fe católica, la paz y concordia entre los príncipes cristianos, destrucción de las herejías, conversión de todos los infieles al gremio de nuestra santa fe católica, y a nosotros lo que sabéis, Señora, que más necesitamos, que es luz para caminar seguros por el camino de la gracia, para iros a alabar a las eternidades de la gloria. Amén.

NOVENA
A NUESTRA SEÑORA DE LOURDES
(1878)

Acto de contrición

¿A quién Señor hemos de ocurrir para librarnos de vuestra justicia, sino a vuestra misericordia? ¿Y de quién hemos de valer para alcanzarla sino de vuestra dignísima Madre que nos habéis enviado para derramar sobre nosotros vuestras bendiciones? "Vos sois el Dios que hacéis maravillas. Vos habéis mostrado vuestro poder en medio de la multitud. Las aguas os han visto, Señor, las aguas os han visto, y ellas han saltado en vuestra presencia, y han sido turbados los abismos."

Las naciones, admiradas de vuestros prodigios, han publicado vuestra gloria; y la impiedad ha sido confundida. ¡Oh! ¡cuántos beneficios nos habéis hecho por medio de María para convertirnos! ¿Y aun permaneceremos sordos a vuestros llamamientos? Ya no más pecar: nos pesa haberos ofendido a Vos que sois tan bueno.

Por vuestra Madre Inmaculada concedednos que, haciendo verdadera penitencia por nuestras iniquidades, perseveremos en vuestro amor hasta la muerte. Amén.

Oración diaria

Al presentarnos ante Vos, ¡oh María! nuestra alma experimenta un sentimiento dulce y profundo que la inunda de delicias.

¡Oh, cuán grato es para nosotros, en medio de las agitaciones de este siglo! ¡Contemplaros radiante de purísima luz en una gruta en donde habéis mostrado vuestra gloria para avivar la fe muerta, alentar la esperanza perdida, encender la caridad sin obras y testificar el augusto misterio de vuestra Inmaculada Concepción!

Vos habéis visto nuestra próxima ruina, y condolida de nosotros habéis corrido llena de compasión para invitarnos a la penitencia y ofrecernos el perdón y la gracia. Los pueblos han visto en Vos una Madre que nos consuela, que a todos cura y reconcilia con Jesucristo; y movidos por vuestra piedad ocurren a Vos para implorar vuestro auxilio. Vos a nadie habéis dejado sin consuelo, porque estáis verdaderamente interesada por el bien de todos. Fiados nosotros en tanta bondad, venimos también para derramar ante Vos nuestras lágrimas y pediros nuestra conversión y nuestra eterna salud.

¡Oh María! Inclinad vuestros oídos a nuestros clamores, y alcanzadnos las gracias que pedimos y necesitamos para nuestra salvación. Amén.

Día primero
Ave María. Dios te salve María
Lección

¿Qué oración más tierna y sublime puede dirigirse a María que explique con más exactitud sus glorias y preeminencias, que la salutación angélica? Pues he aquí las primeras palabras de esta oración que es el tema especial de los cánticos marianos del catolicismo, el eco dulcísimo que desde la Anunciación se ha venido repitiendo por todos los siglos, y el lenitivo especial que ensancha y llena de consuelo al corazón oprimido: ¡Ave María! Palabras con las cuales decimos a la Reina sin mancha: "¡alégrate ¡oh María!"

Llénate de regocijo y de purísimo gozo, porque eres el objeto de la contemplación de Dios, la Hija de sus caricias y complacencias, el espejo más terso y limpio en donde se reproducen sus perfecciones. ¡Ave María! palabras que no solo explican nuestro afecto y alegría por la eterna felicidad de la Virgen más pura, nuestra congratulación por su eminencia y celsitud, sino las virtudes y dones que la engrandecen, las maravillas y portentos que la hacen admirable. ¡Ave María! Palabras que anuncian que la Virgen insigne mudó el nombre de Eva en Ave, la pena en consuelo, la noche en luz, el llanto en alegría; porque es nuestra Reina como Ave nunca vista que volando por el Cielo de la contemplación llegó a Dios único centro de su ventura, de donde obtuvo para nosotros un cúmulo de bendiciones.

Ave del paraíso que con su canto dulcísimo y sonoro, deja extasiados a los habitantes de la encumbrada Sion: Paloma candidísima y de incorruptible hermosura que ni aún se acercó a la hediondez de la culpa?

Paloma inocente y pura que buscó las tranquilas corrientes de las aguas para contemplar allí los rayos vivificantes del sol divino: Paloma preciosa y sin hiel, toda dulzura y clemencia, sencillez y candor, que trayendo consigo el ramo verde de oliva, su pureza virginal, anunció la reconciliación entre Dios y los culpados. Tal es la Virgen augusta a quien décimos, Ave María.

Al ver la triste situación que guardamos en el siglo actual, no puede contener su vuelo prodigioso para traernos el auxilio más oportuno; y apareciéndose a Bernarda por la primera vez, en la gruta da Lourdes (11 de febrero de 1858) con todo su atractivo arrebatador, escucha gozosa el rosario con que Bernarda la bendice, contando la santísima Señora en el suyo las veces que la pastorcita la saluda.

En medio de los graves males que nos aquejan, la falta de fe y la corrupción de las costumbres, María ha venido del Cielo a recomendarnos la práctica de su santísimo rosario, que, como en tiempo de santo Domingo, será un conjuro que ahuyente a los enemigos de nuestra fe, y un remedio eficaz que nos afirme en nuestras creencias y que nos induzca a practicar das virtudes cristianas.

Postrémonos, por tanto, ante la Virgen Inmaculada y demos toda la expansión a nuestros más tiernos afectos, para saludarla con las palabras que anuncian su felicidad.

Tres Ave Marías en la forma siguiente:

Difundida fue la gracia en su Concepción: y apareció preciosa entre las hijas de los hombres. Ave María.

Dios la ayudó muy temprano: el Altísimo santificó su Tabernáculo. Ave María.

El Señor la cubrió con vestido de salud, con vestidura de justicia, y como a Esposa la adornó con sus joyeles. Ave María.

Nada manchado ha caído en Ella: es el candor de la luz eterna y el espejo sin mancha. Es más preciosa que el sol, y comparada con la luz se encuentra más pura. Gloria al Padre...

ORACIÓN PARA EL DÍA PRIMERO

¡Oh María! Muy grave debe ser el mal que sufrimos, cuando ha sido necesario que vos misma vengáis a indicarnos el remedio. Seáis bien venida ¡oh felicidad nuestra! Mil veces seáis bien venida. Os saludamos trasportados de júbilo: ¡Ave María! Os saludamos con el dulce alborozo con que recibimos una lluvia suspirada, después de una penosa y prolongada sequía. ¡Qué delicia sentimos cuando os contemplamos ofreciéndonos vuestro poderoso auxilio! ¡Cuán saludables son vuestras miradas! Vuestra hermosura arrebata a todas las almas y vienen a Vos suspirando por vuestras gracias. Derramadlas también sobre nosotros; pero haced que no caigan sobre una tierra ingrata. Vos misma preparadnos, y dadnos que saquemos los mejores frutos de vuestras benéficas apariciones.

Gozos y oración final.

DÍA SEGUNDO
GRATIA PLENA. *Llena de gracia*
LECCIÓN

Siendo María la más próxima a Dios de todas las puras creaturas, la más unida con Dios por ser la Madre de Dios que es la fuente de toda gracia, ¿cuál será el grado de gracia que la embellece, cuando fue destinada para recibir tan excelsa dignidad? El Arcángel lo significa con estas palabras *gratia plena,* llena de gracia. "Nada en las cosas criadas puede haber más sublime que esta dignidad, excepto la Encarnación, del Hijo de Dios:" y siendo María la Madre de Dios, ninguno de los mortales ni aun de los ángeles, por más que esté adornado de innumerables dones, puede igualar en gracia a la Virgen purísima.[1] Exenta de todo pecado, adornada con todas las virtudes, enriquecida con un cúmulo de méritos, el Señor pudo decirla con toda verdad: *toda eres hermosa, amiga mía, y mancha no hay en ti.*

María es esta Amiga de Dios tanto más hermosa que todas las demás, cuanto es más perfecta en toda gracia y virtud, cuanto es más pura, más inocente, más inmune de toda culpa, y cuanto más cerca está, como Madre de Dios, a la fuente de toda hermosura y decoro".[2] Por esto la santa Iglesia no puede venerar más dignamente a María, que con estas palabras que Dios reveló: *Dios te salve, llena de gracia.*

Por esto los fieles de todos los siglos no han cesado de alabarla y bendecirla con las mismas sublimes palabras; por esto, en fin, los santos Padres no creen haber encarecido suficientemente el valor de la salutación angélica; porque con ella, y en pocas palabras, se bendice a María confesando toda su

---

[1] S. Lor. Just. serm. de Nat. V.
[2] Dionis. Cari, *in Cant.* art. 15.

plenitud, toda su dignidad, toda su gloria: y San Buenaventura le llama la atención muy particularmente diciendo: "oye, dulcísima Virgen María, oye cosas nuevas, oye cosas admirables, oye esta inaudita salutación: *Dios te salve María, llena de gracia*.[3] "Oh verdaderamente gloriosa y admirable salutación, que cuanto es más inaudita a la costumbre humana, es tanto más conveniente a la dignidad de María".[4]

¡Con razón la encumbrada Virgen se aparece en la gruta santificada con todo el embeleso de su plenitud y hermosura, abismada en suma luz, y arrebatando por completo los sentidos y el alma de la pastorcita de Bartrés! "Cuando la visión tiene lugar, decía Bernarda, veo primero la luz y en seguida a la Señora; cuando la visión cesa, la Señora desaparece primero y la luz en seguida".

"Es de una belleza tal, decía en otra ocasión, que es imposible explicar". ¡Con qué afecto Bernarda, viendo a María, la bendice y alaba con la salutación angélica hasta concluir el rosario! ¡Con qué agrado la Reina del Cielo escucha en silencio la emoción de aquella alma inocente! Y el fervor con que la dirige estas palabras: *Dios te salve María llena eres de gracia.*

Las Ave Marías como el día primero.

Oración para el día segundo

Hoy que os contemplamos *llena de gracia* ¡oh María! venimos a Vos, nosotros que estamos llenos de iniquidades y de malicia. "Sea encendida nuestra tibieza con vuestro amor; sea expelida nuestra torpeza con vuestra gracia;" sean por Vos remediados nuestros males.

---

[3] *In Spec.* Lec. I.
[4] Beda. Homil. de B. V, M. tom. V.

¡Oh María! Vos que habéis sido siempre amiga y nunca enemiga de Dios, convertidnos. "Nuestra boca desea alabaros: nuestra alma aspira por veneraros afectuosísimamente, y todo nuestro ser se encomienda a vuestra protección." "Alcanzadnos una indulgencia plena: y rogad por nosotros en el tribunal de Dios".[5].

Gozos y oración final.

DÍA TERCERO
DOMINUS TECUM. *El Señor es contigo*
LECCIÓN

María llena de gracia no puede menos que estar íntimamente unida con el autor de la misma gracia, lo cual le asegura el celestial nuncio con estas palabras; *Dominus tecum:* el Señor es contigo.

Dios está con María no solamente librándola de su enemigo con una protección continua y hermoseándola con privilegios y gracias muy singulares, sino habitando en su vientre virginal como en un trono riquísimo y escogido. Por lo cual san Agustín, hablando con la tierna Virgen, le dice: "de tal suerte está el Señor contigo, que está en tu corazón, está en tu vientre, llena tu alma, llena tu carne virginal".[6]

"El Señor está con todos los santos, dice San Bernardo, pero con María está de una manera más especial; su unión es tan íntima que se unió no solamente a su voluntad sino también a su carne para formar a Cristo de aquella virginal sustancia".[7] Y el mismo santo dirigiéndose a María, le dice: "no solo está contigo el Hijo a quien cubres con tu carne, sino el

---

[5] S. Buenav. Psalt.
[6] Serm. 2º de Anunt.
[7] *Homil. 3º super Missus est.*

Espíritu Santo de quien concibes al Hijo, y el Padre que engendra al Hijo que concibes."

Y San Agustín, abismado de tan grande misterio, pregunta: "¿quién es esta Virgen tan santa que a ella se dignó venir el Espíritu Santo, tan agraciada que Dios la eligió para Esposa?"[8] ¿Quién es esta Virgen tan pura que ha merecido ser Madre del Hijo de Dios? "Nunca se ha concedido a criatura alguna, ni se concederá jamás, que haya llevado a Dios, como María, por nueve meses en su vientre, que haya alimentado a Dios, con su pecho lleno de Cielo, que haya educado a Dios muchos años, y que haya tenido a Dios por súbdito".[9] Solo María fue la escogida para tan raros privilegios.

¡Dios súbdito de María! ¡Jesucristo sometido a la obediencia de María! ¿Qué cosa puede haber más sublime que explique la grandeza de la Virgen sin mancilla? El Señor está con María no solo por la unión, sino por la sujeción; y ambos prodigios cuentan lo que es Dios para María, lo que es María para Dios. María es toda para Dios; Hija inmaculada, Esposa predilecta, Madre amante y Virgen preclara: Dios es todo para María; Padre por la creación, Esposo por la unión, Hijo por la encarnación. Y esta Virgen admirable es quien viene a nosotros de parte del Señor que está con ella.

Ignorando Bernarda quién fuera la Señora que la traía enajenada; por consejo de las dos amigas que la acompañaban, se preparó con agua bendita para salir de Su incertidumbre; y cuando llegó la hora de ver, por segunda vez, a la que, hacia su felicidad, Bernarda la rocío con el agua y le dijo: "si venís de parte de Dios, acercaos."

---

[8] Serm. 35 de Sanctis.
[9] S. Buenav. Spec. B. V. M.

La radiante Señora, sonriendo, se inclinó muchas veces, y desde el centro de la gruta se adelantó casi hasta el borde da la peña. Bernarda repitió la misma pregunta: y no resolviéndose a decirle: "si venís de parte del demonio, apartaos de aquí," por ver la tan hermosa, y cuya especie de conjuro había sido concertado de antemano, "se postró de nuevo rezando, el rosario que la Virgen parecía escuchar deslizando al mismo tiempo las cuentas del suyo".[10] Después que Bernarda por cincuenta veces dijo a la Virgen: "el Señor es contigo," en la recitación del Ave María, la visión desapareció.

Las Ave Marías como el día primero.

Oración para el día tercero

¡Cuán dichosa sois ¡oh María! porque el Señor está con vos premiando vuestra humildad, coronando vuestra pureza y virginidad, exaltando a vuestros devotos y confundiendo a vuestros enemigos. "Los lirios de las vírgenes cercan vuestro trono, vuestras manos destilan la mirra primera; vuestros dedos los ungüentos de las gracias".[11] Haced, por tanto, que Dios esté con nosotros por la gracia, y que, agradeciendo vuestros beneficios, nos sometamos en todo a la ley de vuestro santísimo Hijo, y os amemos en esta y en la otra vida. Amén.

Gozos y oración final.

---

[10] *Historia de Nuestra Señora de Lourdes.*
[11] Buenav. in Psalterio.

Día cuarto
Benedicta tu in mulieribus.
Bendita tú, entre las mujeres
Lección

Admirando el arcángel Gabriel en María su belleza sorprendente, su estupenda plenitud de gracia, su íntima unión con Dios, le da todavía un nuevo realce a su magnificencia y la encomia más y más, diciendo: *bendita tú entre las mujeres.*

Palabras con que anuncia el ángel, no solamente, las gracias de María, sino en especial la fecundidad que se dice *bendición; así* como, por el contrario, la esterilidad se dice *maldición.* La llama *bendita,* porque sería Madre de Dios, y por esto sería más fecunda con un solo parto, que todas las demás mujeres, aunque tengan una prole innumerable.[12]

La llama *bendita entre las mujeres;* porque mientras estas conciben en pecado, perdiendo a la vez su virginidad, solo María había de concebir exenta de toda mancha y permaneciendo decorada con la gloria de su perpetua virginidad. Así. es que, cuando María expresa su consentimiento para ser Madre de Dios, "procede de su boca una fuente de gracia que riega a todo el mundo",[13] y todo el mundo la bendice; una "emanación virginal que santifica a las almas castas",[14] y estas la bendicen; una indulgencia plenaria para los pecadores, y estos la bendicen.

Jardín de belleza sellado por la beatísima Trinidad, *sus emisiones son el paraíso,* sus productos el Fruto de

---

[12] Suma aurea.
[13] Id. Ps. 10.
[14] Id. Ps. 10 5.

la vida, sus riquezas la fuente de la gracia, y de la eterna salud.

Madre de Dios y Virgen hermosísima, acopió tofos las bendiciones dadas a las vírgenes y a las madres, la bendición que Dios prometió a Abraham y a toda su descendencia: y he aquí por qué todas las generaciones la bendecirán llamándola bienaventurada.

Si volvemos nuestros ojos a la gruta de Lourdes, allí veremos que María es alabada y bendecida por todas las clases de la sociedad. Esta gloriosa Señora, después de haberle confiado a Bernarda un secreto inviolable, relativo a la misma pastorcita, que fue el primero de los tres que le confió, le dijo: "y ahora, hija mía, id, id a decir a los sacerdotes que yo quiero que se me construya aquí una capilla."

Bernarda manifestó esta voluntad, diciendo también; "la Señora quiere que se hagan procesiones en la gruta," De aquí vienen esas peregrinaciones piadosas en que reuniéndose los fieles a millares, han asombrado al mundo por su número y devoto entusiasmo en bendecir a María: de aquí ese magnífico templo que la piedad cristiana consagró a la Reina del Cielo en Lourdes para obsequiar su voluntad, en el cual trabajaron millones de operarios, y a donde concurren constantemente los pueblos de muchas naciones. Allí el pecador convertido, el enfermo curado, el fiel y aun el incrédulo, todos bendicen a María, y la confiesan su bienhechora.

Y esta, bendición ha tomado un aumento tan admirable, que ya por todas partes se bendice a Nuestra Señora de Lourdes. De suerte que, de todo el mundo, como de un templo, se elevan en concierto multitud de voces que cantan: *bendita, tú entre las mujeres.*

Las Ave Marías como el día primero.

Oración para el día cuarto

¡Oh María! Vos habéis conmovido a las naciones porque ellas han visto en Vos la *bendita, entre todas las mujeres*. Los pueblos han corrido y se han prosternado ante Vos para cantar vuestra gloria, llamándoos bendita y bienaventurada.

"Vos sois bendita. porque, por vuestro medio, Dios se aplaca para el hombre, y el hombre se hace agradable a Dios".[15] Sois bendita, porque sois la Madre del mismo Dios. Libradnos ¡oh bendita! de la eterna maldición y dadnos la bendición de la eterna salud.

Gozos y oración final.

Día quinto
Et benedictus fructus ventris tuis, Jesus.
Y bendito el fruto de tu vientre, Jesús
Lección

Así como el árbol es alabado por su fruto, María es bendita porque es bendito el fruto de su vientre ¿Y cómo no ha de ser bendito el fruto del árbol más hermoso, el Hijo de la más fecunda y pura de las vírgenes, Jesucristo, verdadero Dios y verdadero hombre? ¿Cómo no ha de ser bendito Aquel que es el autor de la inmortalidad y que *tiene el principado de la dulzura?*[16] Su caridad sin límites atrae a las almas: su misericordia perdona a los pecadores arrepentidos: su gracia sostiene a los justos en la perseverancia.

El individuo y la familia, los pueblos y las naciones solo en Jesucristo encuentran su felicidad, y tanto del hogar doméstico, como de la aldea y de las ciudades,

---

[15] S. Buenav. Spec.
[16] Eccli. XI. 33.

sube como incienso la bendición y alabanza al supremo dominador de las gentes. De aquí resulta una gloria imperecedera para María que nos ha dado un fruto de eterna bendición, y por lo cual la bendecimos diciendo: *y bendito el fruto de tu vientre, Jesús.*

Mas cuando Jesucristo se ve actualmente tan ofendido y despreciado, en su doctrina combatida, en sus preceptos infringidos; cuando se profanan sus días festivos, se blasfema su santo nombre, se escarnece a la virtud, y se entroniza el vicio ridiculizando la piedad y propagando la corrupción, ¿qué remedio para reparar tantos males y desagraviar a la divina justicia ultrajada? La gloriosa Virgen María lo manifestó a Bernarda en una de sus maravillosas apariciones.

Llamada Bernarda a la gruta por una fuerza interior, lo cual sentía siempre que la visión tenía lugar, y a donde la pastorcita había de ocurrir por quince días a petición de la misma santísima Señora que le prometió la felicidad en la otra vicia, se postró como de costumbre a rezar el rosario: y he aquí que comenzando a distinguir la luz que anunciaba la aparición de la Señora, vio por fin, a la Virgen de belleza incomparable. Bernarda quedó extasiada, como en todas las veces que miraba aquella hermosura arrebatadora. Sus ojos quedaron inmóviles y fijos en el encanto de los Cielos: su boca entreabierta como abismada de tanta belleza: su respiración a veces quedaba suspensa: más parecía un ángel que una criatura humana.

La multitud de espectadores no veían en la gruta más que las ramas secas del rosal silvestre, que la planta de la Señora empujaba un tanto, según decía Bernarda; pero conocían la realidad de la visión por la encantadora transformación de la pastorcita.

Ella escucha un mandato para que suba al fondo de la gruta, y avanzando de rodillas hasta cerca de la peña, oye que la Señora pronuncia por tres veces esta palabra: *"¡penitencia!, ¡penitencia!, ¡penitencia!"* palabra que Bernarda extasiada en su tránsito de rodillas, pronunció también por tres veces, y que los circunstantes oyeron conmovidos.

Así es como María quiere que sea desagraviado el fruto bendito de su vientre, porque es grande el deseo que tiene de nuestra salvación.

Las Ave Marías como el día primero.

ORACIÓN PARA EL DÍA QUINTO

Vos ¡oh María habéis sido *casta, en vuestra virgínea carne,* porque nunca sentisteis el contagio de la concupiscencia; *más casta en vuestra virgínea mente,* porque ni siquiera os propusisteis conocer varón; y *castísima en vuestra virgínea prole,* porque, así como el radio de la estrella no disminuyó su claridad, tampoco vuestro Hijo disminuyó vuestra virginidad.

¡Oh nuevo prodigio de Dios! Enseñadnos a hacer penitencia y a bendecir con una conciencia pura, al bendito fruto de vuestro vientre, Jesús. Amén.

Gozos y oración final.

DÍA SEXTO
SANCTA MARIA. *Santa María*
LECCIÓN

¿Quién es la Virgen a quien nos dirigimos cuando con las Santa Iglesia la invocamos diciendo: *Santa María?* "Es la Mujer fuerte buscada por Salomón y por los Santos Padres, y hallada por Cristo, la cual subyugó todo lo áspero y adverso por la fortaleza:" es la "Mujer fuerte contra la carne por la virginidad, contra el mundo por la pobreza, contra el diablo por la humildad, y contra todo género de pecados por la paciencia, porque todo lo despreció varonilmente por amor de su Esposo":[17] es la "Mujer a quien Jesucristo decoró e hizo toda luminosa, no solo con sus radios, sino con sí mismo, por lo cual la claridad de la Virgen redundaba en los que la veían"[18]: es la "Mujer que apareció en el Cielo vestida del sol, con la luna bajo de sus pies, y en su cabeza una corona de doce estrellas; porque el fulgor divino resplandece en ella milagrosamente.

Todo lo que se nota de gracia en María, redunda en la Iglesia por sus méritos; todo lo que resplandece de luz en el Cielo, en los bienaventurados, se refiere a María, porque es la Madre del Redentor que abre las puertas del Reino de los Cielos".[19] Esta es la Virgen prodigiosa a quien nos dirigimos cuando rezamos el Ave María: la misma que en el collado de México, en el Tepeyac, dijo al venturoso Juan Diego: "yo soy la Virgen María, Madre del verdadero Dios":[20] la misma que en Palermo de Sicilia mandó pintar su imagen bajo el título armonioso de "Madre Santísima de la Luz," la cual bendijo con su propia mano y se conserva en León, como un tesoro inestimable:[21] la misma que en la Saleta dijo a los pastorcitos Maximino y Melania: "si mi pueblo no quiere someterse, yo me veo forzada a dejar caer la mano de mi Hijo":[22] la misma que últimamente en Prusia ha dicho a la multitud: "yo soy la concebida sin pecado": la misma en fin, qué declaró a Bernarda quién era, del modo más admirable.

---

[17] S. Lor. Just. de Laud. V.
[18] Sto. Tomás de Aquino in Apoc. 12.
[19] S. Albert. Mag.
[20] Primera aparición, diciembre 9 de 1531.
[21] *Historia de la Madre Santísima de la Luz.*
[22] Septiembre 8 de 1877.

Por cuatro veces la pastorcita de Bartres preguntó a la Señora que admiraba en su última aparición:[23] "Señora mía, ¿quisierais tener la bondad de decirme quién sois, y cómo os llamáis? La Santísima Virgen manifestó gradualmente su gloria. Una sonrisa fue la contestación dada a la primera pregunta: después, a la segunda, "apareció más radiante, como si su gozo hubiera crecido:" a la tercera vez, "parecía entrar más y más en la gloria bienaventurada:" y, por último, a la cuarta pregunta, "la Virgen separó las manos; haciendo deslizar sobre su brazo derecho el rosario. Abrió entonces sus dos brazos y los inclinó hacia el suelo, como para mostrar a la Tierra sus manos virginales, llenas de bendiciones. Después, levantándolas hacia la eterna región las volvió a juntar con fervor, y mirando al Cielo con el sentimiento de una indecible gratitud, pronunció estas palabras: *"Yo soy la Inmaculada Concepción"*.

De esta manera la Virgen purísima declara ante el Cielo y la Tierra el dogma que la Santa Iglesia había declarado cuatro años antes.[24] Los católicos se levantan en masa para victorear a la Virgen sin mancha: aplauden llenos de gozo su Inmaculada Concepción; y la invocan acordes, diciendo, *Santa María*.

Las Ave Marías como el día primero.

Oración para el día sexto

Siempre habéis sido ¡oh María! el amparo universal de la santa Iglesia y nuestro consuelo en la vida; pero hoy parece que os esmeráis más en protegernos: vuestros, oídos parecen más atentos a nuestros clamores, más

---

[23] Marzo 25 de 1858.
[24] Diciembre 8 de 1854.

prontas vuestras manos para auxiliarnos, más solícito vuestro cuidado para curarnos. Vuestras apariciones son más frecuentes, vuestros llamamientos más tiernos, vuestro empeño más eficaz y singular.

¿Qué habéis viste en los decretos de Dios de terrible para nosotros? Semejante a una tierna madre que aparta a sus hijos de los peligros, que ellos no conocen, Vos impartís todo vuestro patrocinio en nuestro bien. ¡Oh María! ¿cómo expresaremos nuestra gratitud a vuestros beneficios? ¿Y qué será de nosotros si no atendemos a vuestros llamamientos? Queremos servir a nuestro Dios y vuestro Hijo amadísimo: queremos mudar de vida y hacer penitencia por nuestros pecados. Vos sostened nuestros propósitos y alcanzadnos el don de la perseverancia final. Amén.

Goces y oración final.

DÍA SÉPTIMO
MATER DEI. *Madre de Dios*
LECCIÓN

Si es dulce al corazón oprimido ocurrir en sus angustias a la madre buscando en ella un consuelo, ¿cuánto más dulce es para nosotros invocar a María que siendo Madre de Dios lo es también nuestra? Cuando la saludamos con el *Ave María,* la confesamos "Madre de Dios digna y verdadera, porque concibió y parió al verdadero Dios; porque engendró no a un puro hombre como las demás madres, sino a Dios unido a la carne humana";[25]

"Madre de Dios que resplandece con tanta pureza y hermosura, que después de la hermosura de Dios, ni en

---

[25] S. Juan Ap. Serm. in Trans. B. M. V. Apud Amad. rap. 8.

la Tierra ni en el Cielo puede encontrarse mayor";[26] "Madre de Dios inmaculada, gloriosísima";[27] "Madre de Dios, cuya virginidad es dignísima de alabanza y de celebrarse con todo encomio";[28] "Madre y virgen a un mismo tiempo, a quien ni la virginidad impidió el parto, ni el parto quitó la virginidad":[29]

"Madre de la suma pureza, de la dulce esperanza, de la luz indeficiente, del amor hermoso, cuyas alabanzas anuncian los pueblos, cuya gloria canta la Iglesia;" cuya pureza fue tan singular en el parto y después del parto, que nos dio al autor de toda pureza;" y cuya inocencia la hace aparecer como el día sin noche, como la lámpara sin humo, como la fuente sin cieno, toda pura, toda hermosa; amable para todos porque es la dulce Virgen, deseable para todos porque es la tierna Madre, venerable para todos porque es la "llena de gracia."

He aquí la preciosa confesión que hacemos cuando la llamamos "Madre de Dios." ¿Y no debemos consolarnos al ver que la Madre de Dios es nuestra Madre la más tierna y solícita por nuestra felicidad?

Prueba de esto es la que dio a Bernarda en señal de la realidad de sus apariciones. Bernarda había dicho al Sr. Cura de Lourdes "la Señora quiere que se le edifique una Capilla:" el Sr. Cura no podía creerla por solo su dicho; necesitaba una manifestación clara de la voluntad de la gloriosa Señora. Si es cierto que tú ves a esa Señora, decía el Sr. Cura a Bernarda, dile que haga

---

[26] S. Andrés. Ap. Serm. in Trans. B. M. V. Apud. Amad. rap. 8.
[27] S. Jacob. min. in sua liturg.
[28] S. Luc. Ev. serm. Trans. B. M. V. Apud. Amadeum rap. 8.
[29] J. Greg. Nyss, Or. in Christi Nat.

florecer el rosal silvestre que tú ves a sus plantas, y te creeré.

Era el mes de febrero. Bernarda pide esta prueba; más. la Reina sin mancha le manda que beba de la fuente y coma de la yerba que nace a su lado. Nunca en aquel lugar se vieron indicios de algún remanente. Bernarda en éxtasis, tal vez a la indicación de la Señora, comienza a cavar con sus manos la tierra; y he aquí que brota la humedad; las gotas de agua se unen a la tierra que se hace lodo. Bernarda chupa aquella agua y come de la yerba que ve a su lado; y el agua aumenta progresivamente.

Concluida la visión, los circunstantes empapan sus pañuelos con aquella agua que iba, dejando de ser lodosa y aumentando cada vez más, a medida que se hacía uso de ella, al grado de llegar a ser un manantial fecundo de agua limpia y saludable. ¡Oh! ¡cuántos enfermos han sanado, y cuántos pecadores se han convertido al tomar de esta agua maravillosa! Nuestra dulce Madre no solo cuida de darnos la salud de nuestra alma, sino que nos proporciona también la del cuerpo.

Las Ave Marías como el día primero.

Oración para el día séptimo

¡Oh Madre de Dios y Madre nuestra! Vos queréis que no bebamos del torrente que se precipita al abismo; sino de las limpias aguas que manan de la fuente del Corazón de Jesús; queréis que comamos la yerba de la mortificación acordándonos del origen de nuestra nada: queréis, por fin, desprendernos de la Tierra para elevarnos al Cielo, y curáis nuestro cuerpo porque anheláis la salud de nuestra alma.

Haced ¡oh María! que levantemos nuestro corazón a Dios y que, acercándonos con frecuencia a la fuente de los Sacramentos, percibamos cada día más la limpidez de las aguas de nuestra eterna salud. Amén.

Gozos y oración final.

Día octavo
ORA PRO NOBIS PECCATORIBUS.
Ruega por nosotros pecadores
Lección

Después que Bernarda había tenido la dicha de admirar por varias veces en la gruta de Lourdes la incomparable hermosura de la Reina del Cielo; en una de estas horas felices, "la mirada de la Santísima Virgen pareció que en un instante recorrió la Tierra, y ella la volvió a fijar, impregnada de dolor, sobre Bernarda arrodillada.

—¿Qué tenéis? ¿Qué debe hacerse? Preguntó la niña.

—*Orar por los pecadores,* respondió la Madre del género humano".[30]

María Santísima con la tristeza de su semblante expresó muy bien la multitud, gravedad y malicia de nuestros pecados, así como el rigor y tal vez la proximidad de la eterna venganza; pero al mismo tiempo, como Madre compasiva, nos ha recomendado a la oración de los justos.

"¿Y qué oración puede ser a Dios más grata que la oración de María Madre misericordiosísima que no pudiendo odiar a sus hijos, no puede tampoco dejar de obtenerles el remedio, si lo pide, puesto que, para esto y nomás por esto, pulsó nacer de Ella el Hijo del Padre omnipotente de las misericordias?" ¿Qué oración más eficaz que la de nuestra "Medianera que rogando al Esposo,

---

[30] *Historia de Nuestra Señora de Lourdes.*

convierte su furor en gracia, su ira en amor suavísimo"?[31] María ha sido constituida por Dios "Abogada, nuestra, para que nosotros los reos podamos encontrar, no el juicio sino el amparo, no el suplicio sino el premio eterno".[32] Ella, como Madre del Juez y Madre de misericordia, trata en el Cielo humilde y. eficazmente los negocios demuestra eterna salud:[33] es tan sabia y prudente, que el Hijo no puede castigar a aquellos por quienes ella se interesa:[34] es tan hermosa que no puede sufrir la menor repulsa: es tan pura y agraciada que en el momento que pide, Dios accede a su petición.

Ella es el argumento más poderoso de la misericordia de Dios para con nosotros: el Señor quedó complacido en su creación, porque determinó que, por su medio, ejercitaría siempre su misericordia; mientras que, sin ella, ejercitará su justicia.

Así que, necesitando nosotros pecadores de una oración que nos salve; y siendo la de María, después de la de Jesucristo, la más eficaz para nuestro propósito, debemos empeñaría a que ruegue por nosotros por medio de la salutación angélica que le es tan agradable. María, después de la dignidad de Madre de Dios, en nada se complace tanto como en abogar por nosotros.[35]

La práctica constante de su santísimo rosario nos atraerá, sin duda, sus bendiciones, nos librará del castigo que merecemos, y, por su medio, conseguiremos la gracia de la perseverancia final.

---

[31] *Suma aurea.*
[32] San Anselmo. *Super Salve Regina.*
[33] S. Bern. serm. 1 de Assumpt. B. V.
[34] Ric. de S. Lor. de Laud. V.
[35] S. Alf. Lig. *Glorias de María.*

Las Ave Marías como el día primero.

Oración para el día octavo

¡Oh María concebida sin pecado! Vos que conocéis muy bien la triste situación que guardamos y os interesáis tanto por nuestro bien; rogad por nosotros. Vos que os habéis dignado venir a nosotros para predicarnos la penitencia y la oración: rogad por nosotros. Vos cuyos ruegos son tan poderosos y eficaces para con el supremo Juez: rogad por nosotros. ¿Quién sino Vos puede aplacar la justicia de vuestro Hijo despreciado? ¿Quién sino Vos puede cambiar la faz de la Tierra y llenarla de bendiciones? ¿Quién sino Vos puede hacer que amemos como es debido a vuestro dulce Jesús? Rogad, rogad por nosotros que recurrimos a Vos. Amén.

Gozos y oración final.

Día último
Nunc, et in hora mortis nostrae. Amen
Ahora y en la hora de nuestra muerte. Amén
Lección

Si en todo tiempo ha sido de apremiante necesidad ocurrir a María para que interponga sus ruegos en favor nuestro, hoy que estamos combatidos por todas partes, y que se han rebelado contra nosotros con toda su furia las potestades de las tinieblas y nuestras mismas pasiones; hoy que por todas partes se han propagado el error y la impiedad en medio del orgullo y del sensualismo, y lo que es peor la indiferencia religiosa y el respeto humano, ¿no aparece más imperiosa la necesidad de elevar a María nuestro corazón, diciéndole: "ruega por nosotros pecadores, ahora, y en la hora de nuestra muerte".

¿Suspiramos con ansia por ver un día tranquilo y alegre en este tiempo en que nuestra vida se hace más angustiosa?

Pues María es este *Día precioso y esclarecido* a cuya influencia saludable se disipan las tinieblas del error y la negra noche del pecado: *Día magnífico* que nos trae la suavidad de la paz, el rocío de las bendiciones celestes, la luz de la gracia, y el calor vivificante de la caridad: *Día bendito* y suspirado, cuya mañana comenzó en el instante feliz de su Inmaculada Concepción, y le fue anunciada con esta salutación; *Ave;* cuyo espléndido mediodía le indicó el nuncio celeste con estas palabras: *gratia plena;* y cuya tarde serena y tranquila, antes de concebir y dar a luz al sol de justicia, vio María cuando el ángel le dijo: *Dominus tecum.*

Pues, a este día todo luminoso que se compone de doce horas repartidas en cinco y en siete, por los cinco sentidos que María consagró a Dios y los siete dones del Espíritu Santo que la enriquecieron; a este *Día* misterioso, a esta Virgen *bendita entre las mujeres,* porque es *bendito el fruto de. su vientre, Jesús:* a esta Virgen insigne, *Madre de Dios,* hoy más que nunca debemos ocurrir para que aparte de nosotros las calamidades que nos cercan, las tinieblas que nos cubren, las pasiones que nos esclavizan y los enemigos que nos combaten.

Aprobadas por la Santa Iglesia las prodigiosas apariciones de la Inmaculada Virgen María en Lourdes; extendida su protección por toda la Tierra de un modo admirable y especial; derramadas sus bendiciones sobreabundantemente a todos los que la invocan, sin que haya negado su auxilio ni aun a los más criminales; curados multitud de enfermos milagrosamente, y socorridos toda clase de necesitados; vemos que, por

María, ha comenzado para nosotros una nueva era de gracias.

Abramos, pues, nuestro corazón a la piedad y a la esperanza, porque María se empeña en salvarnos. Invoquémosla con una confianza viva para nuestras presentes necesidades: invoquémosla para todo trance de nuestra vida, y en especial para la hora de nuestra muerte, y experimentaremos, sin duda, los efectos de su protección poderosa.

Las Ave María como el día primero.

Oración para el día último

¡Oh María! vuestras frecuentes apariciones. sobre la Tierra son efecto de vuestra caridad y compasión para con nosotros, y de la tierna solicitud que tenéis en salvarnos. Y si con tanto amor nos habéis buscado, ¿hoy que venimos a Vos, nos desechareis? ¿Permitiréis que se pierda la causa de nuestra salvación? Es imposible que perezca quien a Vos se encomiende de corazón; es imposible que se condene aquel a quien Vos defendéis. Por tanto, llenos de confianza en Vos, os pedimos que nos convirtáis verdaderamente al Señor; que defendáis nuestra causa en el supremo tribunal, y nos abráis las puertas de la eterna bienaventuranza. Amén.

Gozos

Pues tan pura y agraciada

¡Fue tu limpia Concepción!

¡Oh Virgen inmaculada!

Venga a nosotros tu bendición.

En una gruta sencilla,

A la margen de un torrente,

Vio tu belleza esplendente
Una feliz pastorcilla.
Ella quedó arrebatada
¡Con tu gloriosa visión!
¡Oh Virgen...

Vio en tu rostro la hermosura
Y en tus labios la sonrisa,
En tu aliento vio la brisa
Que difunde el alba pura.
Y tu virgínea mirada
¡Liquidó su corazón!
¡Oh Virgen...!

Mas lucientes que un meteoro
Vio tus vestiduras reales,
Y a tus plantas virginales
Vio también dos rosas de oro:
Y te admiró decorada
Con un azul cinturón
¡Oh Virgen...!

En un rosario,
Designa las bendiciones
Que te dan los corazones
Por tu singular belleza.

Y escuchas enajenada
La feliz salutación.
¡Oh Virgen...!

El candor de la inocencia
Resplandece en tu semblante;
Mas por el crimen reinante
Nos llamas a "penitencia".
Sea nuestra alma penetrada
¡De dolor y compunción!
¡Oh Virgen...!

Tus miradas inocentes
Recorren toda la Tierra;
Y un dolor tu pecho encierra
Por nosotros delincuentes.
De nuestro bien ocupada
¡Recomiendas la oración!
¡Oh Virgen...!

Con tierna solicitud
Porque el mundo sea creyente
Haces que brote una fuente
De prodigiosa salud.
Quede nuestra alma lavada
¡De toda culpa y borrón!

¡Oh Virgen...!

Tus manos muestras al mundo
Llenas de copiosas gracias,
Para ahuyentar, las desgracias
Que nos llevan al profundo.
Que nuestra alma tan culpada
¡Por ti consiga el perdón!
¡Oh Virgen...!

A tu sierva venturosa
Dijiste: "Soy la exaltada, por siempre
Inmaculada Concepción maravillosa".
Y en todo el orbe es cantada
¡Tu admirable Concepción!
¡Oh Virgen...!

Diez y ocho veces te mira
La dichosa pastorcita,
Y en otras tantas, "bendita"
Te glorifica y admira.
Pues que estás tan empeñada
En darnos la salvación.
¡Oh Virgen...!

Oración final

¡Oh purísima Virgen María! ¿Por qué os presentáis en una gruta llena de incomparable esplendor y rodeada de una claridad sobrenatural, sino para desprendernos de la Tierra y hacer que elevemos nuestras miradas al Cielo?

Vuestro augusto semblante respira el inocente candor de la pureza, y nos arrebatáis con las gracias de una Virgen singular y el dulcísimo afecto de una Madre llena de clemencia: vuestro ropaje excede en blancura a la nieve de las montañas: estáis ceñida con el azul del Cielo, símbolo de vuestra castidad; sobre cada uno de vuestros pies virginales se ve la rosa mística color de aurora; y en vuestras manos que elevais con vuestros ojos al Cielo, tenéis un rosario engarzado en oro, cuyas cuentas blanquísimas dejáis deslizar cuando se os bendice con la salutación angélica que escucháis en silencio y llena de gratitud. Vos nos invitáis a la penitencia y a la oración, y nos mandáis que bebamos en la fuente de la salud.

A Vos, pues, levantamos nuestros ojos fatigados, y con todo nuestro afecto suspiramos por vuestro auxilio. Derramad sobre nosotros esas gracias de que estáis colmada.

Dadnos que, haciendo verdadera penitencia, confesemos y bendigamos vuestra Inmaculada Concepción, practiquemos siempre la devoción de vuestro, santísimo rosario, nos purifiquemos en la fuente de la gracia, y viviendo como hijos vuestros, sumisos y obedientes, merezcamos alabar y bendecir a vuestro Santísimo Hijo en vuestra compañía, en el Cielo. Amén.

¡Oh María concebida sin pecado! ¡Rogad por nosotros que recurrimos a Vos!

Novena a la Virgen María en su advocación de Salud de los Enfermos

Pbro. J. P.
(1883)

Introducción

¡Dolores, enfermedades, trabajos! He aquí el patrimonio de la humanidad. Cerca de un hijo de Adán quo alegre y gozoso camina en el sendero de la vida, se ven otros mil abandonados a enfermedades más o menos crueles, arrastrar sus vacilantes pasos con esfuerzos y con lágrimas exhalando lastimeros gemidos y gritos penetrantes que despedazan el corazón.

En medio de tan tristes clamores que levanta la dolorida humanidad, un nombre augusto y dulcísimo, al parque lleno de encanto y embeleso, resuena en la boca del cristiano enfermo; nombre que invocado con piedad calma los dolores, reanima las fuerzas, alivia y cura los males más inveterados, como las enfermedades más incurables, este nombre es el de la Santísima Virgen María. ¿A. qué otro corazón después del de Jesús podrá dirigirse el fiel que padece, que sea más propio para comprenderlo que el corazón amante de María?

Ciertamente, la Santísima Señora aprendió muy bien a compadecerse de nosotros, contemplando los prolongados e indecibles tormentos que su adorable Hijo padeció en el leño de la cruz donde en la persona del discípulo amado nos recibió a todos por hijos suyos.

Desde aquel momento la dulce Madre, nos ha mostrado su maternal cariño con inefable ternura y nos ha estrechado con los vínculos de su incomparable caridad. ¿Quién es el que afligido por una enfermedad corporal invoca a esta Madre *celestial sin* que experimente que su poder igual a su amor?

Penetrad, sino a esos célebres Santuarios dedicados a esta Santísima Madre, y se conmoverá vuestro corazón al ver los irrecusables testimonios de innumerables favores corporales alcanzados por su intercesión.

¿Qué dicen a la fe y a la piedad esas inscripciones grabadas por el reconocimiento; esos diversos presentes ofrecidos en su altar, esas pequeñas figuras de oro y plata representando miembros humanos depositados a sus pies como trofeos de su poder contra las enfermedades rebeldes a toda ciencia humana; esos pobres instrumentos de madera que han ayudado a arrastrarse hasta el umbral del lugar santo al que venía a reclamar su auxilio, y que innecesarios ya por haber obtenido la salud, quedaron allí colgados a las paredes sagradas, como sencillos y afectuosos homenajes rendidos a su honor y gloria.

¡Oh con cuánta elocuencia hablan estos testimonios expresivos de gratitud a todo el que los contemple! Con razón llama la Iglesia a María Salud de los enfermos *Salus infirmorum*. Invocadla, pues, bajo este título tan consolador, seguros de que, conseguiréis lo que le pedís si es útil para vuestra verdadera felicidad.

Acto de Contrición

Señor mío Jesucristo santuario admirable de amor para con los pecadores. ¿Cómo podremos jamás llorar la gravedad de los pecados con que os hemos ofendido?

¡Oh Dios mío! Vos nos habéis amado desde la eternidad, nos habéis criado a vuestra imagen y no nos habéis comunicado el ser, sino para derramar sobre nosotros los bienes espirituales y temporales de que Vos mismo sois la fuente perenne, dejando así plenamente satisfecho vuestro amor, por lo que esperamos ser eternamente felices.

Pero nosotros haciéndonos criminales desconocimos vuestro amor, entonces más misericordioso que nunca y más liberal que antes, os habéis dignado por nuestra salud anonadaros tomando la forma de siervo; os habéis dignado aparecer sobre la Tierra como el más despreciable de los hombres, y habéis tomado un corazón como el nuestro para obligar nuestros corazones a amaros.

Dulcísimo Jesús abrasado dejas más vivas llamas de caridad, Vos habéis querido revestiros de nuestras miserias y de nuestros dolores. Jesús infinitamente santo, manantial purísimo de justicia e inocencia.

Vos os dignasteis llevar sobre vuestros hombros las iniquidades del mundo, Vos fuisteis clavado en una cruz para remedio de nuestros crímenes y para que, con vuestra sangre adorable derramada sobre la Tierra, tuviésemos las bendiciones que nos consuelan y las gracias que dos purifican.

La grandeza de vuestra caridad se nos ha manifestado desde el pesebre y en los sufrimientos y trabajos de toda vuestra vida, hasta el calvario en medio de los dolores más intensos e ignominias indecibles, donde para colmo de tantas maravillas estando para exhalar el último aliento por nuestra salud eterna, nos dejasteis para nuestro consuelo a vuestra Madre por Madre nuestra, y nosotros Señor solo hemos opuesto crímenes sobre crímenes y tanto amor.

Nosotros, ingratos os hemos olvidado y no cesamos con nuestros repetidos ultrajes de ponernos en peligro de llenar la medida de nuestras iniquidades; pero no sucederá así, de aquí en adelante os amaremos dulcísimo Jesús.

Nos pesa de haberos ofendido; dignaos Dios de amor, dirigir una mirada benigna sobre esta pequeña porción de vuestros hijos, a quienes el dolor, el reconocimiento y el amor han conducido a vuestros pies, y a los de vuestra Santa Madre.

¡Ah! como quisiéramos nosotros recuperar todo el mal que hicimos con nuestros crímenes traspasando vuestro corazón y el de vuestra Madre, más recibid el sincero deseo que tenemos de lavar con nuestra sangre, si fuere posible nuestras ingratitudes. Lanzad, oh dulcísimo Jesús, sobre nosotros las saetas de vuestro amor, para que amándoos en este mundo vayamos a continuar este amor en la eternidad.

Oración para todos los días

¡Oh Santísima Madre de la Salud! Cuyo tierno corazón *puede decirnos mucho mejor* que el grande Apóstol "¿quién sufre sin que yo lo compadezca?" glorificada seáis porque tan a menudo y tan admirablemente hacéis brillar vuestra poderosa intercesión, para alivio y curación de nuestros dolores corporales. Vos sois para nosotros todos y para todas nuestras enfermedades un remedio vivo y continuado al paso que la piscina probática da Jerusalén, no ofrecía la salud sino de tarde en tardo y solo a aquel que tenía la fortuna de bajar el primero cuando el ángel del Señor había agitado el agua.

Bendecimos mil y más veces a vuestro divino Hijo que hace manar de Vos, como en otro tiempo de su divina persona, durante bu vida mortal, una virtud secreta que remedia todos los males, y le pedimos que esa virtud nos la haga especialmente conocer en los males que afligirán a nuestra alma en la hora decisiva en que tocaremos la eternidad.

¡Oh dulce Virgen de la Salud, con maternal bondad dignaos recoger el último suspiro del que se encomienda a Vos con confianza, haciendo que, en el momento supremo, gustemos en toda su extensión la eficacia de tu patrocinio, Salud de los enfermos, rogad por nosotros.

Luego se dicen tres Ave Marías en esta forma.

Dios te salve María, poderosísima Hija de Dios Padre, Virgen purísima antes del parto, en tus manos encomiendo mi fe para que la alumbres. Dios te salve María.

Dios te salve María, santísima Madre de Dios Hijo, Virgen purísima en el parto, en tus manos encomiendo mi esperanza para que la alientes. *Dios te salve María,*

Dios te salve María, amorosísima Esposa de Dios Espíritu Santo, Virgen purísima después del parto, en tus manos encomiendo mi caridad para que la inflames. Dios te salve María.

Dios te salve María Santísima templo y sagrario de la Santísima Trinidad, Virgen concebida sin la culpa original.

Oración para el primer día

¡Oh María, Madre de la Salud eterna! ¿Quién podrá medir la "longitud, latitud, altura y profundidad de vuestra misericordiosa bondad?" Vuestra compasión para nosotros parece aumentar de siglo en siglo, habiéndose manifestado en el principio de la Iglesia, como la estrella de la mañana, en medio de las nubes; después como la luna en todo su esplendor, y al presente, brillante con toda la claridad del astro del día.

Oh Vos a quien llamamos con inefable agrado, consuelo de nuestra vida, y nuestra esperanza en las penas; Vos de quien el Señor se vale para cambiar en alegría nuestras tristezas y pesares, como en otro tiempo se valió de la piadosa Esther, para consolar y socorrer a su pueblo, socorrednos siempre en nuestras aflicciones y penas ¡acoged favorablemente a vuestros verdaderos servidores, que con sincera piedad y viva fe, imploran vuestro auxilio y haced que las lágrimas, penas, tribulaciones y dolores se conviertan en provecho de los que con toda la efusión de un corazón filial te invocan bajo el glorioso título de Madre de la Salud.

Se hace la petición, y se concluye con la siguiente

Oración

Acordaos oh piadosísima Virgen María, que no se ha oído jamás que alguno que recurriese a vuestro patrocinio, implorase vuestro auxilio y pidiese vuestro socorro, haya sido abandonado de Vos: nosotros animados de está confianza a Vos venimos, en Vos nos refugiamos, delante de Vos gemimos pecadores; no queráis olí Madre de la Palabra eterna despreciar nuestras súplicas sino oídlas propicia y escuchadlas benignamente.

Oración para el segundo día

¡Oh María Madre de nuestra Salud qué presente tan agradable sois para nosotros que ya agotamos las lágrimas y los gemidos! Madre amantísima, vuestro solo recuerdo alivia el peso que oprime nuestro corazón, dulcifica la amargura, cura los males, y cicatriza las crueles llagas que le devoran.

Tan excesivamente afligida os habéis visto Vos misma, Vos tan santa, Vos Madre augusta de nuestro Dios, ¿no habéis tenido que beber un cáliz de amargura capaz de atormentar toda fuerza humana? ¿No os visteis sumergida en un océano profundo de dolor, el más agudo?

Y en esta situación sin ejemplo ¿quién no se admira de vuestra resignación, de vuestra bondad, y de vuestro asombroso abandono a la voluntad divina? ¿Cuál es el pecador que no se siente consolado en sus aflicciones al ver que no obstante, vuestra inocencia habéis apurado el cáliz ofrecido en tantas amarguras, para asemejaros mejor a vuestro Santísimo Hijo inocente?

Oh Madre de nuestra Salud, aquí nos tenéis postrados atraídos de tu bondad, experimentando un piadoso consuelo al pensar en el tierno interés viva simpatía y compasiva como benéfica caridad de vuestro maternal corazón. A vos pues recurrimos oh María para pediros el consuelo en nuestras penas, seguros de que no quedará defraudada nuestra confianza alcanzando el remedio do nuestras necesidades.

Se hace la petición y la oración Acordaos, etc.,

ORACIÓN PARA EL TERCER DÍA

¡Oh Madre de nuestra Salud, llena de clemencia y de ternura! Con cuánta razón se puedo decir de Vos, como del Salvador, que vuestra misericordia iguala al poder de vuestro patrocinio, vuestra bondad es tan eficaz, que sobremanera excede a las exquisitas atenciones de Rebeca para con Eliezer, pues ella os indujo a pedir espontáneamente a vuestro Santísimo Mijo el milagro de las bodas de Caná, donde el agua fue convertida en vino, y si tal fue vuestra solicitud cuando os hallabais en este valle de lágrimas, ¿cuál será ahora que ya reináis con Dios en el Cielo, ahora cuando nosotros tus hijos atribulados, en el fondo de nuestro corazón os rogamos humildemente que vengáis en nuestro auxilio para remedio de nuestros males espirituales y temporales?

Oh Vos cuyos sagrados labios guardan la ley de la clemencia, Vos en quien esta noble virtud es semejante para nosotros al rocío del fin del otoño que desciende a refrescar la Tierra; Vos que os mostráis propicia cuantos os invocan, olvidad nuestra indignidad y dignaos sernos favorable hasta el último suspiro.

Se hace la petición y la oración Acordaos, etc.,

Oración para el cuarto día

¡Oh María Madre de nuestra Salud ¿quién pue de dudar que sois para los más grandes pecadores un asilo de salud, mucho más seguro que en tiempos antiguos la ciudad de Bethsura para los que habían abandonado la ley del Señor, y que el altar que Adonías tenía abrazado para librarse del enojo del rey Salomón!

Oh y cuántas veces desarmado el Juez divino por vuestra favorable mediación, ha podido decirnos como David a Abigaíl "a no ser por vos hoy es el día que hubiera castigado de muerte a esos culpables" cuántas veces os habéis dignado acordaros del débil tributo de los homenajes que os habían ofrecido unos corazones que con sobrada razón podían compararse a la pecadora Rahab, o a los hijos de Babilonia, y los habéis salvado no solo de sus enfermedades corporales sino también de caer en el abismo eterno.

Multiplicad, oh Madre de la Salud, los rasgos de vuestra bondad admirable para con tantos ciegos insensatos, como corren a su desgracia eterna, que siendo por los estrechos vínculos de la fe cristiana, miembros como nosotros del cuerpo místico de la Iglesia te pedimos por su salud eterna *como Madre que sois del Redentor del género humano.*

Se hace la petición y la oración Acordaos, etc.,

Oración para el quinto día

¡Oh María! Madre do nuestra Salud, Vos cuya sola palabra basté en otro tiempo para hacer saltar de alegría al Santo Precursor en el vientre da vuestra Santa prima a quien saludabais, Vos que sabéis convertir en gozo las tristezas dando salud a nuestras almas enfermas.

Vos que después de Jesús sois nuestra esperanza, permitid que sin cesar nos acordemos de vuestras virtudes y publiquemos el encanto de vuestros *privilegios,* hasta que *con los* Ángeles *y Santos podamos* poseer en el Cielo la dicha de contemplaros.

¡Oh amorosa Madre, no sin grande complacencia exclamamos aquí del fondo de nuestras almas conmovidas de gratitud y ternura, que nuestra mano derecha caiga en olvido si alguna vez, olvidamos dulce Virgen, los sagrados derechos que tenéis a nuestros corazones, que nuestra lengua se seque si después de vuestro adorable Hijo no sois Vos la primera a quien alabemos. Ojalá que, acordándonos continuamente de vuestros beneficios, repitamos con confianza. Vos que sois la salud de los enfermos, rogad por nosotros.

Se hace la petición y la oración Acordaos, etc.,

Oración para el sexto día

¡Oh María Madre de nuestra Salud! A Vos recurrimos en todas nuestras penas, peligros y necesidades, reconociendo un piadoso deber do ensalzar en todo tiempo vuestro poder. Si, augusta soberana del universo, nuestra complacencia será siempre la de proclamar que el brazo del Señor ha hecho que resplandezca en Vos su poder, que su fuerza y su imperio residen en vuestra mano, que todo lo podéis en Él, y que la gloria de las Jahel y de las Judith, triunfando de los enemigos del pueblo de Dios, es apenas la figura de la que en Vos resplandece.

¡Oh poderosa Madre dignaos recibir constantemente bajo vuestra protección a los que desean invocaros sin descanso. Y, sobre todo, cuando llegue el momento decisivo, cuando aterrorizada nuestra alma se halle a punto de presentarse ante su Juez ¡oh entonces Madre nuestra no dejéis de defenderla contra sus enemigos, alentarla, fortalecerla y recibirla, en vuestras manos maternales, al entrar en la eternidad, para que la presentéis a vuestro Hijo con quien seremos enteramente felices.

Se hace la petición y la oración Acordaos, etc.,

Oración para el séptimo día

¡Oh María Madre de nuestra Salud! Ensalzada como el rosal de Jericó habéis florecido como la rosa en una fresca margen vuestro lustre es puro como el del lirio y vivo como el de la reina de la primavera. Mas ¿quién nos dará una idea de la fragancia de Jesús que *en todas partes* exhaláis?

¿Quién nos hará conocer cuanto excede el perfume de vuestras virtudes al aroma de la mirra más exquisita, y a la del incienso más agradable? Sí, Vos sola sois la flor escogida que, en el árido valle de este mundo habéis atraído a Vos el divino rocío, al Justo por excelencia, al que es la Salud del mundo.

Flor bendita, Flor maravillosa, Flor medicinal, cuyo solo perfume hace que se calmen las dolencias de nuestra alma; haced que lo aspiremos para conseguir la salud que tanto ambicionamos: Haced que corramos por el camino puro e inmaculado de los verdaderos lujos de Dios, para tener algún día la dicha de veros en el Cielo y glorificar a vuestro Hijo por todos los favores con que habéis sido colmada.

Se hace la petición y la oración Acordaos, etc.,

Oración para el octavo día

¡Oh María Madre de nuestra Salud! ¡Qué encantadora es vuestra hermosura a los ojos de la fe verdaderamente sois digna de ser llamada por excelencia la Madre del

Señor! Pues estáis adornada de todas las virtudes y perfecciones que pueden hacer amable a una criatura

¡Que placentero es para nosotros el poder decir con uno de vuestros servidores, que arrebatáis los corazones, que os contemplan y curáis las dolencias que nos afligen!

¡Qué grato nos es también expresaros el deseo sincero que tenemos de amaros constantemente, según lo merecéis, de preferir como Vos la belleza del alma a todo lo demás y de trabajar sin descanso para aumentarla con el fervor de vuestra caridad! Recibid este deseo, divina María, para alcanzarnos el cumplimiento de él. Así sea.

Se hace la petición y la oración Acordaos, etc.,

ORACIÓN PARA EL NOVENO DÍA

¡Oh Madre del Verbo eterno hecho carne para nuestra salud! Os saludamos como el Arcángel "llena de gracia" vuestro Hijo es la fuente inagotable de toda gracia, quien fijando en Vos su primera morada, cuando vino a habitar entre los hombres, os dio derecho para decir con toda verdad "en mí reside toda gracia" por lo cual vuestras benditas manos, son como un canal amplísimo por donde se comunica a toda la Tierra este divino tesoro, vivificando todo lo que es árido y haciendo quo el desierto mismo florezca como un nuevo Edén.

A Vos pues recurrimos en nuestras necesidades; en Vos ponemos siempre nuestra confianza después de Jesús; puesto que por Vos esperamos de Él, aunque lo desmerezcamos por nuestra pasada ingratitud el perdón de nuestras innumerables culpas, el remedio y auxilio de que tanto necesita nuestra flaqueza y la perseverancia final.

Se hace la petición y la oración Acordaos, etc.,

Novena que para honrar a la Augusta Madre de Dios en el adorable misterio de su Concepción Inmaculada

(1886)

Octava a María Santísima

¡Oh dulce Madre, de mi amor encanto!
Dulce fulgor del más felice día,
Dulce consuelo de mi triste llanto,
Dulce esperanza para el alma mía,
Yo te bendigo, con amor te canto,
Y te proclamo, cándida María,
Tres veces Santa, llena de hermosura,
Tres veces Santa, toda casta y pura.

Acto de Contrición

A vuestros pies tenéis postrado. ¡Oh Divino Salvador mío! Al más indigno de los pecadores, que con horrible osadía ha pisado vuestra sangre, despreciando vuestro amor y olvidando vuestras finezas. Yo he pecado, os he tratado con ingratitud, os he abandonado, es verdad; más hoy que mi alma se ve alentada y conmovida por esa maravilla de vuestras manos, por esa Criatura hermosísima que con solo una súplica desarma el brazo de vuestra justicia divina; hoy, Señor, atraído por María, vengo a Vos, y en presencia vuestra detesto mis iniquidades, me arrepiento de todos mis pecados, y reclamo de Vos el auxilio de vuestras antiguas misericordias. Concedédmelo bondadoso, ¡oh buen Dios! en atención a los méritos y poderoso valimiento de María Santísima, cuya Concepción Inmaculada pretendo celebrar, muy confiado en que por sus ruegos conseguiré el perdón de mis pecados y la gracia inapreciable de vuestro amor.

Oración para todos los días

Yo os saludo, ¡oh María! Niña preexcelsa, en cuya casta frente brilla la blancura de vuestra preeminente pureza. Yo os saludo, ¡oh María! *Candor de la Luz eterna y Espejo sin mancilla,* alegría del Cielo, esperanza de las naciones, refugio salvador del universo: yo os saludo, Ester candorosísima, exceptuada por un privilegio nuevo de la ley que comprendió a todos los hijos de Adán, *¡tesoro de pureza virginal!*

¡Oh Virgen llena de gracia! Mi alma rebosa en alegría, mi corazón palpita de gozo, y todo yo me siento enajenado de júbilo al contemplaros en vuestra santa Concepción más *resplandeciente que la aurora, más apacible que la argentada luna, más pura que el lirio recién abierto, más blanca que la nieve de las montañas, más gallarda que la rosa, más casta que los Ángeles, y más perfecta que criatura alguna después de Jesucristo.*

¡Oh María! ¿No un hijo ha de alegrarse por la ventura de su tierna Madre? Y ¿no sois Vos el objeto amoroso de todos mis anhelos, y mi dulce Madre en quien deposito todos mis cuidados?

Permitidme, pues, que salte de regocijo al veros radiante en un trono de candor, y en medio de aclamaciones angélicas y de cánticos festivos. Todos vuestros siervos celebran con gusto vuestro ser Inmaculado, y apenas oyen hablar de vuestra Concepción sin mancha, cuando dejan rodar por sus mejillas lágrimas de incomparable alegría.

¿He de ser yo el único que por mis pecados no participe de tanta dicha? Es verdad que a vuestros ojos soy un monstruo de iniquidad; pero qué, ¿las madres en sus festividades no conceden grandes dones a sus hijos desgraciados?

¡Oh tierna Madre mía, dulce prenda de mi corazón! Si yo soy infeliz por la culpa, mi felicidad es indecible por tener una Madre nunca contaminada, nunca sujeta ni por un solo instante al dominio de Lucifer, sino inmune de toda mancha, pura y graciosa como el lucero naciente y llena de compasión y caridad para con los miserables. Concededme, por tanto, que os alabe por vuestra gracia original, y que lo haga con un corazón limpio y lleno de vuestro amor.

Iluminad mi entendimiento, sed el dulce móvil de mi voluntad, soltad mi lengua, abrid mis labios y enseñadme a bendeciros dignamente en el misterio de vuestra Inmaculada Concepción. Amén.

DÍA PRIMERO
LECCIÓN
¿Quién marcha como el alba al levantarse?
(Cant. 6,9)

Manchada la raza de Adán con la abominable lepra del pecado, tuvo que arrastrar la insoportable cadena de la más dura esclavitud. Por todas partes resonaba el eco triste de un llanto amargo y desolador, y se escuchaba el ferviente voto de la oración con que el justo pedía ansioso un Salvador.

El Señor Dios, movido a misericordia por los males que rodeaban a sus criaturas desleales, se acordó por fin, de sus promesas consoladoras, y envió a la Mujer que había anunciado en el paraíso como fuente de todo bien, para que realizara las esperanzas y enjugara el lloro de los desgraciados.

María Santísima es esta Mujer consoladora a quien Dios destinó para traer al mundo la felicidad. Esta Virgen insigne apareció en el primer instante de su Concepción, como aurora apacible que marcha delante de Dios llena de esplendor y de gracia. El Señor estuvo de su parte, embelleciéndola y ayudándola muy temprano al amanecer de su vida con las riquezas de la justicia original y, por tanto, ya en el primer momento de su existencia se deja ver resplandeciente y alegre, nunca nublada, jamás oscurecida ni manchada como los otros hijos de Adán, sino hermosa como la luna, escogida como el sol.

María recibió de Dios toda la belleza que correspondía a la Precursora del Divino Sol de Justicia, Jesucristo Señor nuestro. Apenas esta Beldad matutina alegró nuestro horizonte con su primoroso brillo, así como el ángel que luchaba con Jacob se dio por vencido al rayar el alba, y dejó al patriarca llenándolo de bendiciones, así también Dios al primer fulgor de María en su gloriosa Concepción, calmó la indignación de su justicia y envió a la Tierra mil bendiciones eternas de misericordia y de piedad. Por eso los ángeles al ver a María, preguntan llenos de admiración: *¿Quién es esta que marcha como el alba al levantarse?*

¿Quién es? Es la que *asciende del desierto* de la nada a la existencia más gloriosa para triunfar del pecado; es la que apoyada en la gracia de su Hacedor viene *derramando* por todas partes las *delicias* de su hermosura; es la Mujer de singular virtud destinada para aplastar con su planta virginal la cabeza de la serpiente maldita; es el Embeleso de la eterna Sion, la *Lozanía de los siglos,* el Raudal de la alegría, la Primavera del divino Edén; es la *Brisa* más pura y deliciosa que refrigera a las almas con su gracia, repartiéndoles la dulzura de su benignidad.

Es la Virgen excelsa cuya Concepción prodigiosa hace el misterio fundamental de todas las fiestas cristianas y el principio de todos nuestros bienes; es por fin, la Alborada más alegre que trae consigo los celestes reflejos del día de la justicia; es la Aurora más graciosa que llena de fuego divino, liquida los hielos del corazón endurecido, alivia las penas y tribulaciones de los enfermos, dora y enriquece las campiñas de la Iglesia, disipando las tinieblas de la ignorancia, viste de colores la mañana de la niñez infundiendo en el alma el conocimiento de Dios, y enseña el recto camino a los extraviados para librarlos de un precipicio inevitable.

"Salid, por tanto, hijas de Sion, y mirad a vuestra Reina; a Ella alaban los astros de la madrugada; la luna y el sol admiran su belleza y rebosan de júbilo todos los hijos de Dios. Venid, almas cristianas, amantes de la hermosura, almas devotas de María; venid a celebrar con gusto el Misterio de las gracias, el Manantial de las bellezas, el más sublime encanto del cristianismo. Venid, y por María encontrareis la vestidura de Jesucristo, la caridad y la amistad de Dios.

Vengamos todos con apresuramiento y confianza, y por medio de María lograremos ver el día precioso de la gracia, conseguiremos el perdón de nuestros pecados, la extirpación de nuestros vicios, la perseverancia en el bien y la eterna salvación.

Se rezan tres Ave Marías en la forma siguiente:

Dios te salve, ceñidísima Hija de Dios Padre, Virgen concebida sin pecado original. Dios te salve, María, etc.

No hay candor, decoro y virtud que no resplandezca en Vos, ¡oh Virgen gloriosa!

Por tal excelencia, nosotros unimos nuestros cánticos a los acordes armoniosos de la primera jerarquía celeste para alabaros, diciendo:

Con los serafines. *Santa, Santa, Santa María, Virgen y Madre de Dios, llenos están los Cielos y llena está la Tierra de la gloria y majestad del fruto de tu vientre.*

Con los querubines. Santa, etc.

Con los tronos. Santa, etc.

GLORIA PATRI

Dios te salve, Purísima Madre de Dios Hijo, Virgen concebida sin pecado original. Dios te salve, María, etc.

Bellísima habéis sido criada, y suaves son vuestras delicias, Santa Madre de Dios

Por este privilegio, nosotros llenos de alegría unimos nuestras alabanzas a los cánticos de la segunda jerarquía, y decimos:

Con las dominaciones. Santa, etc.

Con las virtudes. Santa, etc.

Con las potestades. Santa, etc.

GLORIA PATRI

Dios te salve, castísima Esposa de Dios Espíritu Santo, Virgen concebida sin pecado original. Dios te salve, María, etc.

Vuestro vestido es cándido como la nieve; vuestro rostro resplandeciente como el sol.

Por tan insigne prerrogativa os alabamos con la tercera jerarquía, diciendo:

Con los principados. Santa, etc.

Con los arcángeles. Santa, etc.

Con los ángeles. Santa, etc.

GLORIA PATRI

¿Quién es esta que va subiendo como aurora naciente, bella como la luna, brillante como el sol?

Esta es la más hermosa de las hijas de Jerusalén.

V. En tu concepción, ¡oh Virgen María! fuiste Inmaculada.

R. Ruega por nosotros al Padre, cuyo Hijo, concebido por obra del Espíritu Santo, diste a luz.

Oración para el día primero
(De San Anselmo)

Vos sois bienaventurada, ¡oh María! y poseéis la plenitud de todos los bienes, Vos sois en verdad la Virgen admirable y digna de toda suerte de honores: vos sois la Mujer bendita entre todas las mujeres; vos habéis reparado la pérdida de nuestros primeros padres y vivificado su posteridad.

Dignaos hacernos participantes de vuestros bienes e introducirnos en el Cielo, del cual sois la dichosa puerta.

Petición. Gozos y oración final.

Día segundo
Lección
Como el lirio entre las espinas, así mi amiga entre las hijas (Cant. 2,2)

Es de fe que toda la descendencia de Adán fue infectada por el aliento venenoso de la serpiente infernal; de aquí es que por más estimables que se presentaran las hijas del primer hombre, siempre llevaron consigo la ignominia de la mancha hereditaria.

Pero María, que por un privilegio único fue inmune de aquella mancha fatal; María, que cual verdadero jardín de delicias fue siempre adornada con abundancia de flores que exhalan la fragancia celestial de todas las virtudes; María, en el primer instante de su Concepción, se encuentra ya más agraciada que todas las hijas de Jacob.

Estas mujeres florecieron como rosales perfumados por sus prendas naturales y sus virtudes; más rodeadas de la llama impura del pecado, no podían ser sino espinas desgraciadas entre las cuales floreció María, como la "Azucena más blanca y pura del jardín de la gracia, como la Rosa más lozana del paraíso del nuevo Adán". Nunca este Lirio de pureza sufrió ni aun la sombra de la alteración más leve; jamás el aquilón del pecado agitó ni un solo instante el follaje y frescura de esta Azucena bendita.

Ella se presenta en la cándida mañana de la gracia, con formas tan elegantes, que embelesan a los Cielos; con perfumes tan exquisitos que la Tierra queda embalsamada, y con una blancura tan preciosa, que nada hay en el mundo con que se la pueda comparar. Plantada en la fresca margen de un raudal infinito, ha tomado de allí toda la fecundidad de sus gracias, y desde que existió elevó hacia Dios el cáliz purísimo de su alma para recibir el rocío de las bendiciones divinas.

El Señor colocó en María un piélago de gracias en su Concepción maravillosa, la formó a "imagen suya perfectísima", en la cual, como en una fuente de toda hermosura, tranquila y nunca agitada, se contempla y se alegra perpetuamente. Escogida entre las hijas de Adán "siempre existió Inmaculada desde el principio de su creación, porque estaba destinada para dar a luz al Creador de toda santidad".

Y ¿cómo la Madre de la Luz indeficiente pudiera haber sido manchada con el horrible pecado? ¿Cómo la hija predilecta del Altísimo, la "primogénita antes de toda criatura", la "Amiga de Dios", su blanca y "única Paloma", su "única bella Amada", había de ser esclava del enemigo? No, jamás, jamás, permitió el Señor que su sierva fuese amancillada; nunca consintió que su Escogida fuese presa del demonio, sino que la libró de la malicia infernal, la creó toda "pura, sin tacha, sin mancha; toda hermosa y suave, sin delito actual ni original; toda preciosa, toda limpia, sin deformidad alguna de alma y cuerpo: la creó "hermosa sobre todas las hermosas", esplendente sobre todo el ejército de los ángeles, escogida entre las hijas, como el lirio entre las espinas, y "llena de tanta perfección, que solo Dios puede conocerla".

Corramos, pues, atraídos por los encantos de esta Azucena "cándida y rubicunda: cándida por su virginidad, rubicunda por su caridad". Acerquémonos a María, cuyo vestido de fragancia ahuyenta los demonios y hace detestar los pecados y los vicios. ¡Cuántos pecadores se convierten en estos días, con solo ver a nuestra Madre purísima!

¡Ah, qué consuelo siente el desgraciado en su presencia! Y es que aspira el aura pura de su inocencia, más suave sin comparación "que el bálsamo aromático y que la mirra escogida", es que al contemplar este Lirio de gracias se siente inflamado de amor y devoción; y es, finalmente, que María reparte los dones de Dios a todos los que la bendicen, contemplan y veneran. ¡Con razón los que lloran hallan sus delicias prosternados ante la Virgen pura!

¡Oh María! Vos sola después de Dios, sois la única digna de nuestros primeros amores. ¡Qué felices seríamos ahora si desde nuestra infancia os hubiésemos consagrado nuestro corazón! Mas por lo menos queremos amaros todo el tiempo que nos resta de vida. Nuestro amor es todo vuestro, ¡oh pureza del alma! Nuestro corazón os pertenece para siempre. Purificadlo de los afectos inmundos, limpiadlo por medio de la penitencia, llenadlo de vuestra alegría, y entonces cantaremos dignamente vuestras alabanzas.

Las Ave Marías como el día primero.

Oración para el día segundo
(De San Juan Damasceno)

Yo os saludo, ¡oh María! esperanza de las naciones, oíd los ruegos de un pecador que os ama tiernamente, que os honra en particular, y que coloca en Vos toda la esperanza de su salvación. Yo os debo la vida; Vos sois la prenda segura de mi eterna dicha.

Os ruego que me libréis del peso de mis pecados, que disipéis las tinieblas de mi espíritu, que arranquéis de mi corazón el afecto a las cosas terrenas, que me hagáis vencer todas las tentaciones de mis enemigos, que dirijáis todas las acciones de mi vida, de manera que con vuestra protección pueda yo llegar a la eterna felicidad del paraíso.

Petición. Gozos y oración final.

Día tercero
Lección
El ímpetu del río alegra la ciudad de Dios (Ps. 45, v.5)

Si son grandes las obras del Señor, exquisitamente proporcionadas a los fines a que él las ha destinado, ¿cuál será la grandeza de María, la cual fue destinada para la augusta morada del "Esplendor de la gloria"? ¿Qué ornamentos tan estupendos decorarían a la Virgen excelsa? "¿Qué gloria, qué decoro, que candor, qué gracia no convino a la Madre de Dios? ¿Cuál la formaría el artífice que la eligió para nacer de ella?"

Esta joven hebrea que a la vez reunió en sí misma los dos estados más sublimes de la mujer, la virginidad coronada de atractivos, la Maternidad llena de dulzura y de encantos; esta Madre Virgen que en medio de sus grandezas ha llenado al orbe de alegrías y de esperanzas; esta niña casta cuya virginidad aumenta su hermosura, formando el manantial de sus gracias y embelesos; esta Reina Inmaculada, dos veces amable por ser Virgen y por ser Madre, es el grandioso cuadro, la imagen viva de la Omnipotencia de Dios, y la "Ciudad de oro purísimo, resplandeciente como el cristal".

Sus fundamentos están adornados con todo género de piedras preciosas en donde brillan con toda su luz la esmeralda de su inocencia, cuyo verde apacible jamás desmereció; la perla de su pureza, cuyo límpido oriente permaneció inalterable; el topacio de su amor para con Dios; el jacinto de su caridad para con el prójimo, y el azulado zafiro salpicado de oro que representa el firmamento de su alma a donde jamás llegó la nube del pecado para cubrir su hermosura.

El Señor defendió a su Ciudad librándola del enemigo é iluminándola con su claridad. Los dones del Espíritu Santo, como un torrente impetuoso, la embellecen más y más, y la llenan de la más pura alegría. En esta ciudad de hermosura se ve un "Cielo nuevo exento de toda rebelión, una Tierra nueva, nunca sujeta a la maldición de Dios, un paraíso de delicias en donde jamás tuvo lugar el drama del engaño".

Aquí se ve el "árbol de la vida que solo fue digno de llevar el fruto de salud, la vid que extiende sus sarmientos hasta el mar, esto es, sus oraciones, beneficios y ejemplos, hacia los que existen en la amargura". Aquí corre el río "de agua viva y espléndida, que procede del trono de Dios, y que está lleno de las aguas de multitud de gracias para la salud de los mortales".

Aquí se admiran la "Rosa inmarcesible" que llena el espíritu de suavidad, la "Columna elevada en la fe, erigida en la esperanza, fundada en la caridad", la Torre escudada para el sostén de los combatientes, la Escala de los pecadores, la "Corona de todos los santos de Dios.

Aquí, por fin, se encuentra el opobálsamo de salud lleno de pureza y de fragancia, la "hermosísima beldad de todas las cosas, la Madre de Dios, ornamentó amplísimo de todas las hermosuras". "La Omnipotencia divina, dice san Buenaventura, podrá crear un Cielo más vasto, una tierra más amplia, un mundo más vistoso y magnífico; pero no podrá jamás hacer una madre más grande que la Madre de Dios.

Tal es la magnificencia de María. Ciudad de Dios engalanada con todas las maravillas de su poder infinito y enriquecida con un rio de gracias. Tal es la eminente gloria de la Virgen Madre, asombro del universo, maravilla estupenda del Señor.

¿Qué nos resta a nosotros sino desviar nuestras miradas de la vanidad, arrancar nuestros afectos de las ilusiones, desprendernos de los bienes falaces e internarnos para siempre en esta Ciudad santa, "en donde brilla a los ojos del alma una luz a cuya difusión es imposible poner límites; donde se oye una melodía cuya duración no reconoce el tiempo por medida; donde se exhala un perfume que el aire no puede disipar", y donde unidos más y más al objeto infinitamente amable que es Dios, jamás experimentaremos hartura de las delicias en que nos embriague su posesión.

¿Qué nos resta sino amar a Dios en María y por María, hermosura perfecta que llena el vacío de nuestros deseos, que inspira pensamientos de salud, que enjuga las lágrimas del corazón y que hace despreciar las grandezas mundanas, tan efímeras como ilusorias?

¡Oh divina María! vos sois la Ciudad de nuestra fortaleza y de nuestro refugio, y dentro de vuestros muros queremos combatir para no perecer en los que os aborrecen.

Nosotros os amamos, ¡oh Virgen Madre de Dios! inflamadnos con ese fuego divino que os abrasa, y hacednos poderosos para vencer a nuestros enemigos. Dadnos que despreciemos los respetos humanos para no atender a las exigencias de un siglo corruptor; que meditemos en nuestro eterno destino; que aspiremos a nuestra patria celeste, y que un día podamos veros y alabaros en la eterna ciudad de la gloria.

Las Ave Marías como el día primero.

Oración para el día tercero
(De San Alfonso Ligorio)

Dios os salve, singular ornamento del Cielo y amparo de la Tierra; Dios os salve, Madre mil veces dichosa del Rey Eterno. Vos, Señora, después de vuestro Unigénito Hijo, tenéis el imperio de todas las cosas.

A Vos todas las edades y todas las generaciones inclinan la cabeza; a vuestros pies se rinde toda la redondez de la Tierra; oyendo vuestro nombre tiemblan los demonios; descubriéndose vuestro resplandor huyen las tinieblas, y a vuestro mando se abren de par en par las puertas del Cielo.

¡Oh esperanza de los cristianos después de Jesucristo vuestro Hijo! ¡Oh Reina de misericordia, dulzura de la vida! A Vos suspiro desterrado en este valle de lágrimas; ayudadme, Señora, en mis trabajos; defendedme en mis desmayos, y después de este destierro mostradme el bendito fruto de vuestro vientre, Jesucristo, el cual vive y reina por todos los siglos.

Petición. Gozos y oración final.

Día cuarto
Lección
Ven del Líbano, Esposa mía (Cantares 4, 8)

Hubo una israelita de tan extraordinaria hermosura, que robando el corazón del rey Asuero, desde luego la eligió para su propia esposa, y habiéndola vestido y adornado magníficamente, la elevó a la dignidad real, y partió con ella el mando de su imperio.

Mas aquella Ester que a los ojos de todos parecía graciosa y amable, no era más que una figura imperfecta de la que más agraciada todavía, se atrajo las divinas miradas del Rey inmortal de la gloria. María Santísima es esta cándida Ester de imponderables gracias, que cautivando el corazón de su Amado, fue escogida desde la eternidad para la casta Esposa de Dios Espíritu Santo.

El Amante divino, para celebrar con esta Virgen pura su augusto desposorio, la ennoblece y adorna con un cúmulo de gracias en que sobrepuja al número de las estrellas, le comunica una plenitud de luz que oscurece al sol y a la luna, y una blancura y candor que ofusca el brillo de la nieve, una pureza y castidad que la hacen superior a los mismos ángeles; y después de haberla enriquecido con preeminencias y blasones singularísimos; después de haberla admirado como la obra maestra de su Omnipotencia.

"Ven, escogida mía, la dice, y colocaré mi trono en tu corazón; apresúrate, Amiga mía, Paloma mía, Hermana mía, y ven; camina, avanza prósperamente con esa tu gallardía y hermosura, con esos tus labios lirios que destilan la mirra más pura, con esas tus manos de oro torneadas, llenas de jacintos.

Ven del Líbano, Esposa mía, ven del Líbano, ven: serás coronada y María dulcemente atraída por las castas caricias del Esposo, se levanta del Líbano de su candor, y se presenta a su Amado llena de modestia y de gracia, con la plácida vestidura de la mañana, con sus cabellos ondeantes como un velo de oro, y con los atractivos y encantos de una bella esposa engalanada.

Allí, sobre un trono de blancos resplandores circundados de querubines, empuña el cetro de su virginidad: allí ciñe su frente la corona eterna de su pureza; allí sus oídos escuchan epitalamios angélicos de aplauso y alborozo, su espíritu goza con profusión de las más santas comunicaciones con su Dios, y su alma se derrite en deliquios del amor más casto y encendido.

Desde el primer instante de su Concepción, desde ese Líbano grandioso de su inmunidad del pecado, desde ese momento feliz, María elevó sus miradas sublimes al Creador, y llena de justicia, de honestidad, limpieza y decoro apareció como una fuente sellada de donde manan afluentes purísimos, cuyas aguas no fueron enturbiadas por el cieno de la culpa; como un "Vergel amenísimo en donde descuellan el Cedro de su contemplación, el Ciprés de su fama, la Palma de su victoria, la Rosa de su paciencia, la Oliva de su misericordia, el Plátano de su perfecta fe": como la casta Esposa de Dios Espíritu Santo, Esposa divina cuya hermosura es incomprensible, cuya gloria es inefable, cuya magnificencia tan alta, que "ninguna criatura, después de Jesucristo, puede ser más perfecta ni capaz de mayor bien".

¡Oh María! Vos sois la única verdaderamente hermosa y el Libro sellado que solo Dios puede leer perfectamente. Vos sois la Emanación, más pura de la divina Omnipotencia, el Vapor blanquísimo siempre elevado a Dios, el Céfiro sin el cual nuestra alma no puede respirar ni tener la vida de la gracia.

Vos sois la Reina del Cielo y de la Tierra, y podéis con vuestras súplicas todo lo que Dios puede con su imperio.

Jamás los santos hubieran entrado al Cielo si no hubiera sido por vuestro medio. Nosotros, como vuestros siervos, acudimos a Vos, ¡oh Reina sin mancha! a fin de que nos hagáis reinar con Jesucristo y con Vos, allá en las alturas del Empíreo.

Las Ave Marías como el día primero.

Oración para el día cuarto
(De San Epifanio)

¡Oh María! Vos sois la Esposa amada de la Trinidad Beatísima y el tesoro secreto de los bienes que dispensa. Por Vos ha sido Eva levantada de su caída, y Adán restituido al paraíso, del cual había sido desaterrado por la culpa.

Por Vos y con vuestra protección fue dada al mundo la paz del Cielo, los hombres han sido admitidos en la suerte de los ángeles, y llamados en el número de los servidores, de los amigos y de los hijos de Dios. Por Vos ha sido hollada la muerte, despojado el infierno, derribados los ídolos, y se ha extendido por toda la Tierra el conocimiento del Cielo y de vuestro divino Hijo. Dignaos, pues, interesaros en nuestro favor y estaremos seguros de alcanzar un día el bien inmenso que Vos gozáis en toda la plenitud.

Petición. Gozos y oración final.

Día quinto
Lección
*Me llamarán Bienaventurada todas las generaciones
(San Lucas, cap. 1)*

¿Qué criatura más digna de admiración, de alabanza, de honor y de gloria puede haber que María, la cual siempre fue el objeto primordial de las ternuras y amor de la Trinidad Augusta?

El Padre Eterno puso todo su esmero en hermosear a su Hija Primogénita con todas las preciosidades de su poder, a fin de preparar a su Hijo divino una morada digna de su grandeza. Al destinarla para que recibiese la dignidad más elevada que puede imaginarse para una pura criatura, la concibió en su mente "toda hermosa y sin mancilla" y la comunicó aquella virtud singular con que había de triunfar del demonio y del pecado. Y cuando llegó el tiempo de que se cumplieran sus designios altísimos, cuando la humanidad cansada gemía bajo el yugo de Satanás; cuando los desterrados levantaban sus manos al Cielo invocando un auxilio salvador, entonces María, más radiante que la estrella después de una noche tempestuosa, apareció en su santa Concepción "decorada con todo el esplendor de las divinas gracias".

El Verbo divino se complació en poner su habitación en el seno castísimo de María, como en un santuario de pureza que llenó de gloria y de virtud. En efecto: María con la presencia de la "Luz eterna" quedó "toda resplandeciente del oro del Ofir", resplandor brillante que jamás se apagará, porque al concebir al Hijo del Altísimo por obra del Espíritu Santo, al ser madre de Dios "sin el más ligero menoscabo de su integridad virginal," al recibir en sí misma los rayos vivificadores del sol divino, "su pureza se aumentó más, su castidad tomó un nuevo lustre, su virginidad se hizo más inviolable".

Jamás la linfa de la fuente quedó tan limpia y brillante con los rayos del sol que la ilumina, ni el rocío tan puro y cristalino con la luz que lo penetra, como María quedó más pura y más hermosa al verse madre del resplandor de la gloria.

¡Cuán incomprensible es la gloria de la madre del Salvador! ¡Cuán inconmensurable la grandeza de la Virgen madre! Sus miradas son tan graciosas y encantadoras, sus ojos tan hermosos y tan divinos, que atrajeron al Verbo Eterno del solio de la inmensa gloria, y el Verbo se humanó en su vientre purísimo.

El Espíritu Santo extendió también sobre esta Virgen pura los brazos de su amparo y protección; imprimió en su rostro hermosísimo los ósculos más afectuosos de ternura y complacencia, la iluminó con una luz inextinguible, la protegió con una virtud inaudita, y la trasformó toda en su amor. Toda la beatísima Trinidad contribuyó admirablemente para el engrandecimiento de María.

El Padre la predestinó para Virgen perpetua cuya gloria fuese inmarcesible; el Hijo la preeligió para Madre purísima, cuya virginidad fuese inviolable; el Espíritu Santo la escogió para Esposa cuya alma permaneciera sin mancilla. El Padre la eximió de la culpa comunicándole su poder; el Hijo la vistió con la estola de la inocencia participándole sus méritos, y el Espíritu Santo, llenándola de su amor, "preparó el domicilio de una nueva gracia".

De este modo un Dios trino hizo de María una niña bellísima a quien los "ángeles admiran; una Virgen insigne a quien ensalzan los querubines; una Madre intacta a quien aplauden las estrellas del alba, y a quien por tantas prerrogativas llamarán bienaventurada todas las generaciones".

¿Cómo no bendeciremos a quien Dios siempre bendijo? ¿Como no amaremos a quien Dios siempre amó?

¡Oh María! Si la primera mirada y elevación de vuestra alma a Dios, hizo de vos el reclinatorio de la sabiduría infinita, y el triclinio sagrado de la augusta Trinidad, ¿qué hará otra mirada vuestra en favor de los mortales? Miradnos, por tanto, ¡oh María! miradnos con esos ojos divinos, y cesarán nuestras desgracias: miradnos de nuevo y sentiremos sin duda la influencia de vuestro poder, y nuestra alma quedará inflamada de amor y dispuesta para recibir en la santa comunión al Dios tres veces santo.

Disponednos vos misma, y alcanzadnos que nos acerquemos al sagrado convite con sumo recogimiento, con gran pureza de alma, y con encendido amor de Dios. Así lograremos las gracias prometidas al que se nutre con este pan que da la vida eterna, y habitará con nosotros el Hijo de vuestras entrañas.

Las Ave Marías como el día primero.

ORACIÓN PARA EL DÍA QUINTO
(De San Bernardo)

¡Oh María! ¡Cuán grande es vuestra gloria! Y ¿cómo seré yo capaz de ponderarla? Si os comparo al Cielo vos sois más elevada. Si os llamo la Madre de las naciones, hago un elogio poco digno de vos. Si digo que sois la Reina de los ángeles, toda prueba que merecéis este título honorífico. Dignaos, pues, ¡oh María! la más sublime de todas las criaturas, dignaos hacernos participantes de vuestras gracias, pues en este día habéis sido colmada de ellas.

Atraednos por medio del olor de vuestros perfumes, haciéndonos imitar vuestras virtudes, que son las que pueden proporcionarnos la entrada a la eterna mansión de los bienaventurados.

Petición. Gozos y oración final.

Día sexto
Lección
Semejante a una hermosa oliva plantada en medio de los campos (Ecco., 24, 19)

Perseguidos por los remordimientos de nuestros delitos que han atraído sobre nosotros las amenazas de la justicia divina, ¿quién podrá librarnos del castigo que me recemos? ¿A dónde volveremos nuestros ojos para en jugar nuestras lágrimas? ¿Quién aliviará nuestras penas? ¡Ahí nuestros males no son incurables!

María Santísima en su Concepción Inmaculada, "semejante a una hermosa oliva plantada en medio de los campos," nos ofrece una sombra refrigerante de amparo y de protección. Esta oliva misteriosa que en medio de la Iglesia conservó intacto el verdor de su inocencia y perpetúa la lozanía de su virginidad, extiende el maravilloso follaje de sus gracias para acogernos bajo el asilo de su caridad y curar nuestras llagas con el aceite balsámico de su misericordia.

La clemencia de esta Madre compasiva es como una lluvia temprana que después de verano de nuestro pecado alegra los ánimos abatidos, suaviza el terreno de los preceptos divinos, y difunde en el alma el ambiente puro de la paz de Dios. En María se encuentra "toda esperanza de vida, porque ella es la Virgen gloriosa que jamás se sentó a las sombras de la muerte. Y cuanto María ha sido más noble en su origen venturoso; "cuanto María es más alta y más santa, tanto es nías clemente y dulce para los pecadores convertidos".

El mismo Dios la consagró por Reina de misericordia ungiéndola con "aceite de alegría, derramando la gracia en sus labios, y comunicando a sus ruegos todo el poder necesario para salvar a los pecadores".

Bajo la protección de María, ¿qué es lo que podemos temer? María "nada tiene de austero, nada de terrible; toda es dulzura, toda suavidad. Es compasiva con los pecadores, clemente para los necesitados, piadosa para los que ja invocan, dulce para los que la aman". Se vuelve toda ojos para mirar a los desgraciados, toda alas para volar en su auxilio, toda amor y ternura para consolarlos. Y no contenta con todo esto, levanta 'su voz compasiva y dice: "Venid a mí, todos los que estáis en trabajo y fatigados, que yo os aliviaré. Venid a mí todos, y veréis que mi espíritu es más dulce que la miel, que yo amo a los que me aman, que desde la infancia creció conmigo la misericordia. Venid a mí.

¿Por qué estáis pobres cuando conmigo está la opulencia? ¿Por qué andáis sedientos cuando de mí nacen las aguas de salud? ¿Por qué sois débiles si en mí está la fortaleza? Y si estáis muertos por el pecado, ¡ah! venid pronto, que en mí encontrareis la vida. Venid, no temáis: "así como una madre tierna acaricia a sus hijos, así yo os consolarán".

¿Quién no se alienta al escuchar los más gratos acentos de la compasión? ¿Quién no se anima al impulso de tantos llamamientos de amor? ¿Quién no se arroja en los brazos de una Madre tan tierna y cariñosa como María? ¡Ay! Los condenados ya no tienen madre, y nosotros contamos aún con una Madre llena de ternura, que se duele de nuestras miserias, que enjuga nuestras lágrimas, que nos tiende los brazos y estrecha en su seno de amor para librarnos de la muerte eterna. ¡Qué felicidad! Arrojémonos, pues, en los brazos de

María para no separarnos jamás de ella: estemos a su lado, y nada nos faltará: valgámonos de su poder, y seremos eternamente felices.

¡Oh María, dulcísimo atractivo de nuestro amor! ¡Qué lágrimas tan consoladoras derramamos al ponernos bajo los auspicios de vuestra protección! ¡Oh hermosa oliva refrigerada por la lluvia celeste! Libradnos de los rayos vengadores, calmad la agitación que nos destruye, y dadnos la paz del corazón. En vos está fundada la razón de nuestra esperanza; no nos dejéis perecer mientras tantos pecadores se han salvado por vuestro medio: salvadnos a nosotros también. A vos suspiramos heridos por vuestro amor.

Las Ave Marías como el día primero

ORACIÓN PARA EL DÍA SEXTO
(De San Germán)

¡Oh divina María, Madre mía soberana, y después de Dios mi único consuelo en este mundo! Vos sois el rocío celestial que solo puede endulzar mis penas; Vos sois la luz que disipa las tinieblas de que mi alma está rodeada; Vos sois mi guía en mis viajes, mi fortaleza en mis debilidades, mi tesoro en mi pobreza, el bálsamo para curar mis heridas, el consuelo en mis lágrimas, el refugio en mis miserias y la esperanza de mi salud.

Vos que como Madre de Dios amáis tanto a los hombres, concededme lo que os pido. Vos que sois nuestra defensa y nuestro apoyo, hacedme digno de participar en compañía vuestra de esa felicidad de que gozáis en el Cielo.

Petición. Gozos y oración final.

DÍA SÉPTIMO
LECCIÓN
Como el arco que reluce entre las nubes de gloria
(Ecco., 50, 8)

En la antigua ley los pecadores experimentaban frecuentemente, por sus pecados, los rigores tremendos de la justicia divina. En las santas Escrituras vemos que la Tierra se tragó vivo a Coré, a Datan y a Abiron, por haber introducido el cisma en el pueblo de «Dios, queriendo usurpar el ministerio sacerdotal y la autoridad suprema que no les pertenecía. Vemos también que más de cincuenta mil betamitas quedaron muertos por haber visto el Arca del Señor con poco respeto; que David, por solo haber incurrido en una vana curiosidad, fue castigado con tres días de peste asoladora, que hizo setenta mil víctimas; ¡y cuántos otros castigos que sería largo enumerar!

Mas en el día ¿quién detiene el brazo de la justicia divina provocada por tantas abominaciones, sacrilegios, impiedades, blasfemias e irreverencias como se cometen? ¿Por qué en vez de sufrir los castigos que merecemos solo experimentamos los efectos de la misericordia de Dios? ¡Ah! es porque hay un iris que circuye el trono de Dios, y este iris bellísimo, que es María, la cual asiste de continuo al tribunal divino para interponer su mediación en favor de los pecadores, es quien detiene las sentencias y los castigos que merecemos.

"Pondré mi arco en las nubes" dijo Dios a Noé, "y será señal de la alianza que he hecho con vosotros. Lo veré y me acordaré de la Alianza eterna". María Santísima es este "Arco de eterna paz", dice san Bernardo, y cuando Dios la ve en su acatamiento, se acuerda de sus promesas de salvación y contiene el castigo de su justicia.

El profeta Isaías se lamentaba en su tiempo, de que irritado Dios con los pecadores no había quien se levantara y detuviera su indignación; y esto era, dice san Buenaventura, porque María aún no había venido al mundo; pero desde luego que la Virgen santa fue concebida en el primer instante de su ser, "Hermosa como los pabellones de Salomón", apacible como aquellas tiendas de paz, desde ese momento comenzó a rogar por nosotros en el consistorio de la Trinidad, y al primer aliento que exhaló, más grato que el aroma de las manzanas.

Al primer sonreír de sus labios nacarados como cinta de grana, al abrir sus ojos divinos y agraciados como de paloma; al emitir su voz dulcísima como el sonido de la flauta en el desierto, Dios se complació en la belleza de su Escogida, engrandeció más y más el iris de su hermosura, atendió a sus ruegos, y el ángel de la muerte envainó la espada vengadora, y los espíritus celestes admiraron extáticos los acentos de la inocencia.

Jamás el Señor vio a María con rostro airado, porque ella es la única exenta de la maldición, la única destinada para hacer la felicidad de la Tierra y formar las eternas delicias del Cielo. María halló gracia delante de Dios, y por eso se presenta en la plenitud de los santos "como el arco que reluce entre las nubes de gloria, interponiendo por nosotros su mediación, más valiosa que la de todos los bienaventurados".

¿Qué será de nosotros si despreciamos a esta Arca de salvación? ¿Cómo llegaremos a nuestro último fin si no nos valemos del medio que Dios nos ha dado para conseguirlo? ¡Ah! Lejos de nosotros aun la idea de semejante desgracia. María es "el consuelo de nuestra vida, y nuestra esperanza en las penas" ella tiene "un poder absoluto en el Cielo y en la Tierra", y primero perecerán todas las cosas antes que deja de socorrernos cuando la invocamos.

¡Oh Virgen Inmaculada, iris apacible y encantador! Eva perdió la gracia, y vos la habéis encontrado para ser el consuelo del alma peregrina y la esperanza del pecador arrepentido; por eso en vos y por vos nuestro corazón inquieto halla el reposo y el lleno de sus deseos. Por tanto "no rehuséis vuestro socorro a los desgraciados: dad aliento a los débiles; consolad a los afligidos; rogad por el pueblo, poned al clero bajo vuestra especial protección; interceded por todas las mujeres, que os son particularmente devotas; en fin, que todos los que acuden a vos en sus necesidades, experimenten los dulces efectos de vuestra mediación poderosa".

Las Ave Marías como el día primero.

ORACIÓN PARA EL DÍA SÉPTIMO
(De San Efrén)

¡Oh Virgen purísima y sin la menor tacha! ¡Oh Madre de Dios y Reina del universo! Vuestro poder es mayor que el de todos los santos. Vos sois la esperanza de los escogidos, la alegría de todos los bienaventurados. Vos sois la que nos reconciliáis con Jesucristo, la abogada de los pecadores, el puerto seguro de los que están en peligro de naufragar.

Vos sois el consuelo del mundo, la receptora de los cautivos, la salud de los enfermos, el gozo de los afligidos, la salvación de todos. A vos recurrimos, y os suplicamos humildemente tengáis piedad de nosotros.

Petición. Gozos y oración final.

Día octavo
Lección
Como la estrella de la mañana
(Ecco., 50, 6)

La vida del hombre es una continua batalla sobre la Tierra. ¡Cuántos peligros tiene que arrostrar! ¡Cuántos enemigos que combatir! ¡Cuántos escollos que evitar para llegar al puerto de salvación! Pero en medio de la borrasca que le agita, tiene, como el náutico, una estrella benigna que con sus rayos fulgurantes le conduce a las playas de la beatitud.

María Santísima es este Lucero amigo a quien la Iglesia llama "Estrella de la mañana", porque permaneciendo pura en el Oriente de su Concepción, emite su luz preciosa y radiante para alumbrar "a los que yacen sentados en las sombras de la muerte", a fin de conducirlos a la vida.

Sin la bellísima claridad de María, "¿qué sería de nosotros desgraciados? ¿Qué seríamos en medio de las tinieblas del siglo, si estuviésemos privados de su dulce resplandor?"

Sumergidos en el tempestuoso mar de la vida y navegando fuera de la nave de la gracia, agitados por las tentaciones y remordimientos de conciencia, sin luz y sin guía, estuviéramos ya a punto de desesperarnos; más apenas se descubren los fulgores del astro tutelar que nos anuncia la ventura; apenas vemos la brillante candidez de esta Estrella sin tinieblas, cuando ya sentimos dentro de nosotros mismos multitud de consuelos inefables.

Levantamos a María nuestros ojos llorosos, y nuestras lágrimas se enjugan con el sentimiento de la esperanza; vemos a María sonriendo de amor y de delicias, y nuestro pecho se inunda de suavidad y de alegría; la invocamos en la tormenta, y cesa la tempestad; la llamamos en el combate, y el triunfo es seguro; pronunciamos su nombre admirable, y los ojos ven el espacio despejado, los labios saborean el manjar más delicioso, el oído percibe la armonía más grata, y el espíritu abatido se reanima y remonta su vuelo hasta los Cielos.

¡Qué felicidad! Tenemos una Madre que quita de nuestro pecho el hondo desconsuelo que le oprime; una estrella sin mancilla que nos guía al puerto de la eterna gloria, cuyo solo nombre es un torrente de delicias que nos arrebata, un manantial de alegría que ahuyenta nuestros pesares.

¡Cuántas veces perdidos en la noche del pecado hemos sido guiados por el esplendor benéfico de esta Estrella de consuelo, y solo por su influjo hemos encontrado el verdadero camino, Jesucristo vida nuestra! ¡Cuántas penas se nos han convertido en gozo solamente con pronunciar el nombre dulcísimo de María! Todos hemos experimentado su influencia en nuestras necesidades, y todos a la vez demandamos su protección en nuestras aflicciones. La joven Virgen lleva en su pecho el nombre de María como el muro defensor de su castidad; el guerrero cristiano la pone al frente, en

sus combates, como el escudo invencible a sus enemigos; el anciano le contempla en su grata armonía, como el sello final de su esperanza, y el niño balbuciente unge sus labios por la primera vez, con la dulzura que emana de este nombre celestial. Todos los cristianos pronuncian reverentes el santo nombre de María, convencidos de que al pronunciarlo todo cambia; los Cielos se conmueven de júbilo, la Tierra se ha llenado alegría, y los demonios huyen temblorosos y aterrorizados de espanto.

Invoquemos, por tanto, a María en nuestras penas, y seremos consolados; llamémosla en nuestras dudas, y seremos instruidos; sigámosla con nuestras miradas, y llegaremos a la bienaventuranza.

Que nuestro pensamiento jamás se aparte de María; que nuestro espíritu medite de continuo en las bondades de María; que nuestro corazón arda en amor por María; que todas nuestras acciones sean santificadas con el nombre de María; que hasta en la fachada de nuestras casas se lea el nombre de María, para que usando en todo tiempo y a todas horas de esta invocación saludable, exhalemos el postrer aliento en los brazos de María, pronunciando su nombre consolador.

¡Oh María! con cuánta razón vuestro nombre significa la *Estrella del Mar,* pues que siempre habéis patrocinado a los miserables y dirigido a los extraviados. Aun las letras de que se compone nos hablan de vuestras piedades, y nos indican que Vos sois nuestra *Medianera,* nuestra *Abogada,* nuestra *Reconciliadora,* nuestra *Iluminadora,* y nuestro *Auxilio.*

¡Oh Reina del mundo y Señora de las naciones! Mas apreciamos ser vuestros hijos que dueños de todo el universo, porque en Vos y por Vos iodo lo tenemos; y los cetros y los reyes, y las riquezas y el Oro desaparecen ante Vos. Por tanto, interponed vuestros ruegos, reconciliadnos con Jesucristo, sed nuestra guía y nuestra luz, y auxiliadnos en todo instante.

Las Ave Marías como el día primero.

Oración para el día octavo

¡Oh María! Vos sois la *Estrella de la mañana* cuyos divinos fulgores penetran hasta el fondo de nuestra alma. Vos aparecisteis en el primer día de vuestra creación, "circundada de variedades" y aplaudida por los astros que unen Sus conciertos a la armonía celestial.

Por esta gloria os pedimos que disipéis nuestras tentaciones, que reprimáis la fuerza de nuestros enemigos; que nos atraigáis a Vos con los encantos de vuestra pureza; que nos dirijáis con vuestro amable resplandor, y que, al entrar a las puertas de la eternidad, Vos ¡oh estrella sin mancha! emitáis vuestra preciosa luz para volar a la mansión de vuestros devotos

Petición. Gozos y oración final.

Día último
Nada manchado cae en Ella
(Sab., 7, 25)

"Aún no habían brotado las fuentes de las aguas, no estaba asentada la grandiosa mole de los montes, ni aun había col lados", y ya María existía en la mente del Altísimo.

Después que todas las cosas fueron creadas, no faltaron figuras elocuentes con que el Señor anunció la Concepción Inmaculada de aquella Mujer que siempre fue el sublime objeto de sus caricias. Él la representó ya en la vara siempre verde y fecunda que sin el nudo del pecado original ni la corteza del pecado actual n saldría de la raíz de Jesé; ya en el vellón de cándida lana que absorbió admirablemente todo el rocío del Cielo; ya en el zarzal fresco y lozano que apareció en medio de las llamas sin consumirse, y ya, por fin, en la nubecita de Elías, que llena de aguas limpias y cristalinas ascendió del mar para refrigerar la tierra con abundantes y preciosas lluvias.

Las mujeres célebres de Israel con sus virtudes retrataron la sacrosanta imagen de María; los profetas la saludaron muchos años antes de que existiera; las fuentes cristalinas con sus preciadas linfas bosquejaron su pureza; los desiertos de Cades levantaron palmeros para victorear su triunfo, y los campos de Jericó, para encomiar su belleza, brotaron flores preciosas recién abiertas al amanecer.

Mas llegó, por fin, la hora de salud y de ventura, y el día 8 de diciembre, cerca de cuatro mil años después de la creación del mundo, la noble esposa de Joaquín, la santa y feliz Ana, concibió a María sin la mancha horrorosa del pecado, por especial gracia del Señor. María, pues, como la nubecita de Elías, ascendió del mar de la naturaleza humana; pero ascendió sin llevar consigo las aguas salobres del océano, ni el cieno de la culpa; ascendió bañada por el esplendor divino, vestida de púrpura y oro, limpia como el rocío de la aurora, resplandeciente como el copo de nieve, apacible y deliciosa como el efluvio de los aromas: la lluvia de sus gracias es más pura que los espacios celestes.

Apareció ya María sobre la Tierra, y las huellas de sus primeros pasos han quedado perfumadas de nardo y de incienso; el ejemplo de su vida viene a ser la norma de las costumbres. Eva, al salir del primer sueño entre las flores del Edén, no se presentó tan graciosa como María al salir del aliento de Dios. El Señor "la puso vestidura de salud y la rodeó con el manto de su justicia, como Esposa ataviada con sus joyeles".

Apareció María llena de pureza y de gracia, y el Cielo y la Tierra, se une de concierto para victorearla y aplaudirla. "Gabriel, su principal custodio, y los diez mil ángeles, que la cortejan y admiran, modulan los acentos de la alegría en el tono consagrado a su belleza".

La naturaleza toda se rejuvenece con la presencia de María: el firmamento recupera su primitivo esplendor, perdido desde la maldición de Adán, y la

Tierra salta de regocijo al ver a María cuyo "nombre es inmenso. Los lirios de los valles y los cedros de las montañas la bendicen, y las aves le cantan en medio de los bosques; la campana con toques sonoros le entona cadenciosa los laudes de la mañana, y las almas devotas la saludan sin mancilla y la veneran juntamente con los cortesanos del Cielo.

¡Ah! cuando una madre cristiana al oír el toque de alba se levanta con sus niños a bendecir a María por el cúmulo de sus gracias, a pedirle una mirada de protección para su esposo y familia, y a ofrecerle también las primeras acciones de la niñez, ¡qué júbilo tan puro inunda entonces su corazón! ¡Qué esperanza tan dulce siente en el fondo de su alma! ¡Qué emociones de gratitud brotan de su pecho, y qué amor profesa, a la religión católica, que presenta en la desgracia a una Virgen Santa, la cual con su hermosura atrae a los desgraciados para repartirles sus consuelos!

Alegrémonos, por tanto, y regocijémonos con María al verla agraciada con *la gloria del Líbano,* decorada con la *hermosura del Carmelo, fortalecida con la virtud de Dios.* Alegrémonos y regocijémonos con María al contemplarla llena de gozo con la amabilidad de la infancia, llena de encantos con las gracias de la primavera, llena de embelesos con los atractivos de la ternura.

¡Oh Virgen hermosísima! Nosotros os felicitamos tributándoos mil enhorabuenas por vuestra indecible pureza. Bendecimos a vuestro Preservador y os bendecimos a Vos que sois la delicia de nuestra vida, la firmeza de nuestra esperanza, la alegría de nuestro hogar, la puerta de nuestra salvación.

Las Ave Marías como el día primero.

Oración para el día último

¡Oh María! "Vos habéis brillado con tina pureza que no pudo existir mayor fuera de Dios". Vos sois la que habéis plantado con vuestras virtudes un vergel amenísimo como el paraíso. Vos sois la flama divina que enciende a las almas en el fuego del amor de Dios. Vos sois la guirnalda de nuestra alegría y el gozo cumplido de nuestro corazón.

Vos, en fin, habéis venido al mundo para hacernos felices. Venid, por tanto, Reina nuestra: venid, amabilísima María. Sin Vos y sin vuestro auxilio nuestra alma quedará seca y árida "como la tierra sin agua. Venid, Niña agraciada, arrebatad nuestro corazón; llevadnos con Vos y participadnos de vuestra gloria".

Petición. Gozos y oración final.

Gozos

¡Oh Virgen pura y gloriosa,

Llena de gracia y honor!

Líbranos, Madre amorosa,

Del pecado y del error.

Del contagio universal

Sola tú fuiste eximida,

Y tú sola concebida

Sin la culpa original,

Pues tu planta vigorosa

A Luzbel causó temor.

Líbranos, etc.

A tus plantas el fulgor
De la luna se oscurece,
Porque tu alma resplandece
Como el sol en su primor.
¡Oh Criatura prodigiosa,
Del arcángel estupor!
Líbranos, etc.

Revestida de justicia
En tu santa Concepción,
Al mortal la salvación
Por ti le vino propicia.
¡Oh Mujer maravillosa
Que arrebatas nuestro amor!
Líbranos, etc.

De luz pura circundad,
Tu rostro bello y sereno,
¡Cuán apacible, cuán bueno
Lo muestras al desgraciado!
Pues tan risueña y graciosa
Proteges al pecador.
Líbranos, etc.

Si Raquel con su beldad,
Si Judith con su hermosura

Son de ti la sombra oscura,
¿Qué será la realidad?
¡Niña inocente y preciosa
Fiel modelo de candor!
Líbranos, etc.

¡Nada más suave se canta!
¡Nada existe más fecundo!
¡Nada más grato en el mundo
Que aclamarte pura y santa!
¡Oh divina blanca rosa
Que difundes suave olor!
Líbranos, etc.

Oración final

A Vos, ¡oh Madre mía dulcísima! llena de gracia desde el primer albor de vuestra Concepción inmaculada; a Vos, ¡oh Virgen Santa! "manantial de luz, fuente de misericordia, flor inmaculada de la vida".

A Vos, ¡oh Reina sin mancha! "océano espiritual que encierra la perla celeste, incensario de ore del cual se exhalan los más suaves perfumes, nuevo Edén donde la pureza hace abrir sus más hermosas flores" a Vos, ¡oh cándida y modesta Doncellita! que "vestida de finísimo lino resplandeciente y blanco, brilláis "como el lucero de la mañana en medio de la niebla", y desde el Cielo de vuestra inocencia derramáis sobre la Tierra torrentes de delicias y de gracias: a Vos, ¡oh Vaso de maravillosa pureza!

Paraíso del nuevo Adán, Cielo vivo y animado, Flor de los campos, Lirio del mundo: a Vos, que sois la fortaleza de los justos, la esperanza de los pecadores, el dulce refrigerio de las almas: a Vos mi corazón os rinde el homenaje de alabanza y de amor que os debe; mi alma suspira por Vos, y se llena de alegría por vuestra suerte venturosa.

Alegraos, ¡oh Niña preciosísima! siempre pura, siempre llena de candor, alegraos por vuestra gracia original; pero en medio de vuestra gloria acordaos que habéis sido feliz para los infelices, rica para los pobres, misericordiosa para los pecadores.

Salvadnos, ¡oh consuelo de nuestra vida! por el privilegio de vuestra Concepción sin mancha, cuyo misterio creemos y confesamos, protestando derramar hasta la última gota de nuestra sangre antes que negar un dogma tan precioso.

¡Oh alegría de las almas! ¡Auxilio de los cristianos! Aumentad nuestra fe, fortaleced nuestra esperanza, inflamad nuestra caridad, libradnos de todo mal y conducidnos a la eterna patria. Amén.

Novena al Inmaculado Corazón de María

(1895)

Visita al Inmaculado Corazón de María

Para que los asociados cumplan con la visita mensual, basta que en el día que les haya cabido en suerte, recen tres Ave Marías por los fines de la Archicofradía, aunque sea en su misma casa. Pero en cuanto pueda hacerse aconsejamos que se haga en la iglesia y en el altar propio de la Archicofradía, para lo cual podrán valerse de los ejercicios siguientes:

Hecha la señal de la cruz, prepárense los propósitos que conviene hacer, dense gracias a Dios por los beneficios recibidos, y puestos ante su divina presencia con viva fe y confianza, caridad y dolor de los pecados, digan la siguiente

Oración

Dios y Señor mío, dignaos aceptar esta visita que por amor vuestro hago al purísimo Corazón de vuestra Madre, y Vos, Virgen Santísima, alcanzadme las gracias que necesito para sacar el debido fruto.

Consideración
sobre la excelencia y bondad del Corazón de María

El Corazón Santísimo de María es el más santo, puro, noble y grande, que ha formado la mano del Todopoderoso después del de Jesús; manantial perenne de bondad, dulzura, misericordia y amor, dechado de las más excelentes virtudes, imagen acabada del Corazón de Cristo; Corazón inflamado de ardiente caridad, el cual por sí solo ama más a Dios que todos los serafines juntos.

Este Corazón dio más gloria a la Beatísima Trinidad con el menor de sus actos, que todas las criaturas reunidas con los actos más heroicos. Es el Corazón de la Madre del Redentor y de la Madre de los hombres, Corazón amorosísimo, de caridad muy tierna, sumamente compasivo de nuestras desgracias, traspasado de dolor por nuestra salvación eterna, y que en medio de la inmensa gloria que tiene en el Cielo, conserva las mismas disposiciones; por lo cual es digno de toda alabanza, de todo obsequio y amor, y de que todas las criaturas lo veneren y pongan en él su confianza.

Ábrele, pues, tu corazón, y pídele cuanto necesites, porque es tan tierno y bondadoso que otra cosa no desea que hacer mercedes. Ruégale de un modo especial por la conversión de los pobres pecadores.

Pida aquí el asociado las gracias que desee obtener, lo cual hecho, para mejor alcanzarlas, diga al Purísimo Corazón de María las siguientes

SALUTACIONES

1ª Os adoro, amabilísimo Corazón de María, que ardéis continuamente en vivas llamas del divino amor; por Él os suplico, Madre mía amorosísima, encendáis mi tibio corazón en ese divino fuego en que estáis toda abrasada. *Ave María y Gloria Patri.*

2ª Os adoro, Purísimo Corazón de María, de quien brota la hermosa azucena de la virginal pureza; por Él os pido, Madre mía inmaculada, purifiquéis mi impuro corazón, infundiendo en él la pureza y castidad. *Ave María y Gloria Patri.*

3ª Os adoro, afligidísimo Corazón de María, traspasado con la espada del dolor por la Pasión y Muerte de vuestro querido Hijo Jesús, y por las continuas ofensas que se cometen contra su Divina Majestad: dignaos, Madre mía dolorida, penetrar mi duro corazón con un vivo dolor de mis pecados, y con el más amargo sentimiento, de los ultrajes e injurias que está recibiendo de los pecadores el divino Corazón de mi adorable Redentor. *Ave María y Gloria Patri.*

V. ¡Oh María inmaculada, mansa y humilde de Corazón!

R. Unid mi corazón con el del Divino Redentor.

ORACIÓN

Clementísimo Dios que para la salvación de los pecadores y refugio de los miserables quisisteis hacer el Corazón de María tan semejante en el amor y en la misericordia al de Jesús; concedednos que, celebrando las admirables prerrogativas de este dulcísimo Corazón, merezcamos ser hallados según el Corazón de Jesucristo, que vive y reina con Vos en los siglos de los siglos. *Amén.*

NOVENA AL INMACULADO CORAZÓN DE MARÍA

Señor mío Jesucristo, Dios y hombre verdadero, Creador y Redentor mío amorosísimo, que por amor a los hombres bajasteis del seno de vuestro Eterno Padre para haceros hombre y redimirlos, escogiendo por Madre a la Purísima, Inmaculada y siempre Virgen María, disponiendo su Corazón con todo género de perfecciones, a fin de que de la sangre preciosa de tan Santísimo Corazón se formase esa Humanidad santísima, en que padecisteis la más afrentosa de las muertes, para librarnos de la servidumbre del demonio y del pecado; os amo, Dios mío, con todas mis fuerzas, sobre todas las cosas, por esta bondad que para con nosotros habéis mostrado; y me pesa una y mil veces de haberos ofendido, por ser Vos quien sois, bondad infinita, y también me pesa, porque me podéis castigar en el infierno. Espero que, por los méritos de vuestra preciosísima Sangre y por el Corazón sacratísimo de vuestra divina Madre, me concederéis la gracia que necesito para hacer bien esta novena, a fin de amaros y seros fiel hasta morir. *Amén.*

Día primero
De la grandeza del Corazón de María

Aquel Corazón, que está siempre dispuesto a dispensar favores, y mucho más incomparablemente el que, no teniendo en cuenta la ingratitud, ni cualquiera otra suerte de mala correspondencia, está igualmente pronto a dispensarlos, aunque sea a costa de grandes sacrificios.

Semejante grandeza de corazón es hija legítima de la caridad, la cual extiende y dilata el corazón para encerrar en él a todos los hombres, sin distinción de amigos, ni enemigos; porque se complace igualmente en hacer bien a todos por amor de Dios y no mide su caridad y beneficencia por la correspondencia que halla en las criaturas, sino por la necesidad y las desgracias de ellas.

Tal es puntualmente el Corazón de nuestra augusta Madre. ¡Qué favores, qué gracias, qué beneficios ha dispensado siempre su Corazón a pesar del olvido, de la ingratitud y mala correspondencia de los hombres! ¿Quién, pues, podrá medir la grandeza y anchura de su Corazón? Todos somos testigos de ella, todos la hemos experimentado; porque nadie, dice San Bernardo, acude debidamente a aquel Corazón sin ser consolado por él. A todos nos tiene dentro de sí con maternal afecto, ninguno está excluido de sus favores; a él debemos las gracias espirituales que el Señor nos comunica, la paciencia en los trabajos, el consuelo en las aflicciones, y el remedio de nuestros males.

Y aun los pecadores, que viven alejados de Dios, los herejes que le blasfeman y los infieles que le desconocen, y son, por lo tanto, enemigos de Jesús y de ella, deben a la grandeza de su Corazón la vida que tienen, la salud de que disfrutan y todos los bienes naturales y de fortuna.

¡Oh cuan inmensa es la grandeza del Corazón de María! ¿Queremos experimentarla, recibiendo de él copiosas gracias? Pensemos en ella, resolvámonos a imitarla, y pidámosle con fervor esta y las demás gracias que necesitamos. *(Hágase alguna pausa).*

Oración

¡Oh Corazón de María, cuya grandeza testifica y admira el universo! Comunicádnosla a nosotros, haciéndonos igualmente grandes de corazón, alcanzadnos valor, Madre querida, para olvidar toda suerte de injurias, y ser todo para todos, a fin de ganarlos para Jesucristo Para conseguir esta y demás gracias, os saludaremos, juntamente con los nueve coros angelicales, con nueve *Ave Marías* y con las siguientes:

Salutaciones

Al Santísimo Corazón de María, en unión con los nueve coros de los Ángeles.

1. Os saludo, Corazón Santísimo de María, con el coro de los Serafines, y os suplico que me alcancéis un corazón verdaderamente grande para amar y servir a Dios, y para hacer bien a todos los hombres *Ave María*.

2. Os saludo, purísimo Corazón de María, con los Querubines, y os ruego me alcancéis la amabilidad. *Ave María*.

3. Yo os saludo, perfectísimo Corazón de María, con el coro de los Tropos, confiando que me obtendréis la gracia de ser compasivo de corazón. *Ave María*.

4. Os saludo, Corazón amantísimo de María, con el coro de las Dominaciones, suplicando me concedáis el verdadero fervor. *Ave María*.

5. Yo os saludo, Corazón rectísimo de María, con el coro de las Virtudes, esperando me concederéis la limpieza de Corazón. *Ave María.*

6. Yo os saludo, Corazón fidelísimo de María, con el coro de las Potestades, y os ruego que me alcancéis la mansedumbre. *Ave María,*

7. Os saludo, Corazón clementísimo de María, con el coro de los Principados, esperando que me ayudaréis a ser humilde de Corazón. *Ave María.*

8. Os saludo, Corazón piadosísimo de María, con el coro de Jos Arcángeles, confiando que me alcanzaréis fortaleza para cumplir siempre la santa ley de Dios. *Ave María.*

9. Os saludo, Corazón prudentísimo de María, con el coro de los Ángeles, suplicándoos me alcancéis la paciencia y resignación en los trabajos y padecimientos. *Ave María y Gloria.*

Oración final para todos los días

¡Oh Santísimo e Inmaculado Corazón de María, fuente de la Humanidad de Jesús, adornado de todas las gracias, prerrogativas y excelencias para ser habitación del mismo Dios! ¡Oh Corazón riquísimo y trono del Altísimo, desde donde se dispensan todas las gracias al género humano! ¡Oh Corazón preciosísimo, sagrario de la Divinidad y centro del verdadero amor a Dios y a los hombres!

¡Oh Corazón dulcísimo, víctima del dolor por las penas de Jesús y por los pecados de los hombres! Aquí me presento, ¡oh Corazón suavísimo!; con toda confianza me acerco a ese trono de gracia y de misericordia. ¡Oh Corazón generoso y compasivo de María, Madre de Jesús y también mía!

Sí, aquí me presento, esperando me concederéis el perdón de mis pecados, la perseverancia final y cuantas gracias Vos sabéis que necesito para servir a Dios y a Vos con toda fidelidad y amor. También os pido por la conversión de los pobres pecadores: compadeceos, Señora, de su triste situación; iluminadlos con la luz que es vuestro Hijo.

Concededles la gracia de una verdadera contrición de sus pecados, y encended en sus pechos una hoguera de verdadera caridad. Estas y demás gracias que Vos sabéis serme necesarias, las espero de vuestro maternal cariño con tal confianza que las reputo ya concedidas; porque Vos no olvidaréis que sois el Refugio de los pecadores, la salud de los enfermos, la Consoladora de los afligidos, el Auxilio de los cristianos y la Madre de la divina gracia: no habréis olvidado que al espirar Jesús, os hizo el encargo de que nos tomasteis por hijos; por lo mismo, pues, aunque indignos, hijos vuestros somos, y Vos nuestra Madre, y como a tal os invocaremos; y por ser yo el más miserable de todos, me juzgo con derecho para desde este valle de lágrimas saludaros, diciendo: *Madre mía, he aquí vuestro hijo, Madre mía, he aquí vuestro hijo, Madre mía, he aquí vuestro hijo,* confío que mis gemidos conmoverán vuestro compasivo Corazón.

Ahora se cantan los gozos del Inmaculado Corazón de María, concluyendo con el versículo y oración, que siguen:

Gozos del Inmaculado Corazón de María

Ya que llenáis de favores
A todo el que en Vos confía,
¡Oh Corazón de María!

Rogad por los pecadores.
Ya que sois, Madre divina,
De todos corredentora,
De siglos restauradora,
De salvación rica mina,
Hallen en Vos medicina
Tantos prevaricadores.
¡Oh Corazón de María! etc.

Del que va errado sois guía,
Ancora del naufragante;
En Vos halla el navegante sosiego,
puerto, alegría:
Sin Vos, Madre,
¿qué sería Del mundo, lleno de errores?
¡Oh Corazón! etc.

Por el pecador mostrasteis
En el templo tal ternura,
Que por él la espada dura
De Simeón aceptasteis:
Así, Madre, consolasteis
Nuestros llantos y clamores.
¡Oh Corazón! etc.

Jesús, puesto en agonía,
Rica prenda nos legó,
Pues por Madre nos dejó,
A Vos, ¡oh dulce María!
Sí, nacimos, Virgen pía,
Mas ¡ay! de vuestros dolores.
¡Oh Corazón! etc.

Cuando su brazo irritado
Levanta el divino Asuero,
Y al pecador con su acero
Va a dejar exterminado,
Tierna Ester,
a Vos es dado
Desarmarle en sus rigores.
¡Oh Corazón! etc.

Si Abigaíl la prudente
A Nabal logró el perdón,
También Vos la remisión
Obtendréis del delincuente,
Pues vuestro pecho ferviente
A Dios da tiernos clamores.
¡Oh Corazón! etc.

Acordaos, ¡oh María!
Que nadie jamás oyó,
Que sin consuelo volvió
Quien su cuita á Vos confía;
Defiéndannos, Madre pía,
De vuestro amor los ardores.
¡Oh Corazón! etc.

Por el dolor vehemente
Que vuestro pecho oprimió,
Cuando el buen Jesús murió,
De amor víctima inocente,
Sienta el mismo impenitente
De su culpa los horrores.
¡Oh Corazón! etc.

Los cofrades,
que a millones Júntala
Archicofradía del Corazón de María,
Os hacen mil peticiones,
Demandando conversiones
Siempre más, siempre mayores;
¡Oh Corazón! etc.

Herejes, moros, paganos,
Incrédulos y judíos,

Dejando sus desvaríos,
Que vengan a ser cristianos,
¡Qué dicha estar entre hermanos
Y cantad vuestros loores!
¡Oh Corazón! etc.

Vive libre de temores
El que dice cada día
¡Oh Corazón de María!
Rogad por los pecadores.

Segundo día
De la amabilidad del Corazón de María

No hay cosa más atractiva ni más eficaz para ganar a los hombres que la amabilidad de corazón. ¡Con qué confianza se habla y se acude a un corazón amable! De aquí puede inferirse la que debe inspirar a todos el Corazón de María. Ella, por lo mismo que no heredó la culpa de origen, y porque estaba llena de gracia, dominaba perfectísimamente todas las pasiones; ni la parte irascible, ni la concupiscible la alteraban en lo más mínimo; ninguna vicisitud ni contrariedad la perturbaba; su tranquilidad de ánimo era siempre la misma.

Afable siempre con todos, brillaba en su rostro tal mezcla de majestad y dulzura, de gravedad y cariño, que su trato era en gran manera deseable y deleitoso, por lo cual el Espíritu Santo en el libro de los Cantares la invita a que hable por lo mucho que la dulzura de su voz le recrea.

"Suene, le dice, tu voz en mis oídos, porque tu voz es dulce". Con la sonrisa en los labios, respirando ternura, suavidad y amor, nos está diciendo la Virgen, que acudamos a su Corazón, que le confiemos nuestras penas y dolores, porque él con su maravillosa dulcedumbre derramará bálsamo eficaz sobre nuestras llagas e inefable consuelo sobre nuestros pechos apesarados.

Pero también nosotros debemos ser amables, porque la ley de la caridad nos lo prescribe. Mas, ¿cómo lo conseguiremos? Trabajando en vencer nuestras pasiones y en sujetar nuestra parte inferior a la superior, con lo cual nacerá en nosotros la calma y tranquilidad de ánimo, que son disposiciones para tratar con afabilidad a los prójimos, y conservar con ellos la caridad, ganando sus corazones para Dios Veamos, pues, qué propósitos hemos de hacer para dicho fin y pidamos la gracia que necesitamos. (*Hágase en silencio*).

¡Oh María! ¡Oh Madre nuestra! Vos tenéis un Corazón amabilísimo, porque dominasteis con toda perfección las pasiones: alcanzadnos fortaleza para sobreponernos a ellas, y para recordar y guardar siempre la ley de la caridad, con la cual seremos también amables. Y para conseguir esta y demás gracias os saludaremos. (*Leer las salutaciones*).

TERCER DÍA
De la compasión del Corazón de María

La compasión consiste en el sentimiento de las miserias y desgracias ajenas, doliéndose de ellas como si fueran propias; de donde nace la beneficencia, porque ella nos mueve a remediar, en cuanto podemos, las miserias de nuestros hermanos. La compasión es hija de la caridad, y á proporción que ésta crece, es también aquella más intensa, por donde se ve que, según la grandeza y excelencia de la caridad, así será la grandeza y excelencia de la compasión.

Después del de Jesús, no hay corazón tan encendido en la caridad como el de María; porque ninguno, después que aquél, amó tanto a Dios y trabajó más por la salvación de los hombres. Es, por tanto, un Corazón altamente compasivo. Es además Madre, y Madre la más conocedora de las miserias y penalidades de sus hijos, que somos nosotros. ¿Cuál será, pues, el grado dé su compasión?

¡Ah! Que lo digan Santa Isabel y el Bautista, que lo digan los esposos de Caná, que lo digan tantos desgraciados, a quiénes arrancó del borde del abismo, que lo digan: todos los hombres deben decir en alta voz que el Corazón de María es en extremo compasivo.

Los Cielos y la Tierra son testigos de su tierna compasión; aquellos porque merced a ella resplandecen ahora entre los santos los que de otra suerte hubieran sido contados en el número de los réprobos, y ésta porque los maravillosos efectos de la maternal compasión del Corazón de María están inmortalizados en la infinidad de monumentos levantados por el reconocimiento universal.

También nosotros debemos ser compasivos de corazón, puesto que quien no compadece no tiene caridad. Hagamos, pues, firmes propósitos, y pidamos con fervor la gracia que para cumplirlos necesitamos y asimismo las demás. (*Breve silencio*).

ORACIÓN

¡Madre llena de compasión, hacednos compasivos! Vuestro Corazón no puede ver sin conmoverse el dolor y la miseria: encended el nuestro en la más ardiente caridad, que nos mueva a remediar las necesidades espirituales y temporales, propias y de nuestros prójimos, a fin de conseguir esta y demás gracias, os saludaremos. *(Leer las salutaciones).*

Día cuarto
Del fervor del Corazón de María

Consideremos cuán encendido fue el fervor del Corazón de María. El fervor es la misma llama de la caridad, es el hervor y agitación de ese divino fuego, que arde en el alma, el cual está como inquieto, y deseoso de romper los diques del pecho para manifestarse en las obras.

El Corazón de María era un volcán de amor, porque en él se juntaban todos los títulos que una criatura puede tener para amar a Dios, el título de hija predilecta del Eterno Padre, de Madre tiernísima y natural del Divino Hijo, y de Esposa, única y escogida entre millares por el Espíritu Santo.

Y como el Corazón de María estaba tan bien acomplexionado y con maravillosa templanza y delicadeza de afectos, los predichos títulos de amor levantaban en él inmensas y bullidoras llamas, que le inflamaban el pecho, el semblante y todo el cuerpo virginal, porque no cabían dentro de él y anhelaban por manifestarse en excelentes obras del divino servicio.

¡Cuán grande, pues, era su fervor! ¡Ah! Bien se dejó conocer por los efectos. El corazón fervoroso no conoce tardanza en sus actos. Ella no perdió ni un momento; conocida la voluntad de Dios, la cumplió al instante, sin que la arredrasen ni el rigor de la estación, ni lo intempestiva de la hora, ni las distancias, ni todos los sacrificios y peligros. ¡Qué Corazón tan fervoroso!

Y nuestro corazón, ¿cómo anda en el divino servicio? ¿Anda tibio o fervoroso? ¡Ah! ¡Cuán diferente del de nuestra Madre! ¡Cuánto empereza en las obras santas! Meditemos el fervor del Corazón de María y resolvámonos a imitarla. *(Pausa).*

Oración

¡Amabilísima Madre! Vos obrasteis siempre con el mayor fervor; y Vos conocéis mi flojedad, pereza y apatía, con las cuales no puedo agradar a Dios, a quien produce náuseas la tibieza Yo acudo, Madre mía, a Vos, para que me saquéis de tan miserable estado. Así como comunicasteis vuestro fervor a Isabel y a Juan, dispensadme la misma gracia, mientras que para conseguirla os saludaremos. *(Leer las salutaciones).*

Día quinto
De la pureza del Corazón de María

Dichosos los limpios de corazón, porque ellos verán a Dios, dice el mismo Jesucristo. La limpieza de corazón consiste en carecer de pecado y unirse a Dios, fuente de toda santidad y pureza. Los limpios de corazón son templo y habitación del Espíritu Santo. La Santísima Virgen mereció la inefable dicha de concebir y tener en su seno al Hijo de Dios, porque tuvo el Corazón sin mancha.

Todos los hombres han sido alguna vez manchados con el pecado, porque todos ellos nacen llevando en su alma el pecado original, y además, porque aún los mayores santos no se vieron del todo libres en este mundo de pecados veniales, a causa de lo muy debilitada que quedó nuestra naturaleza por el pecado del primer hombre.

Solo el Corazón de María entre los descendientes de Adán fue por especialísimo privilegio preservado de toda mancha de pecado e imperfección, por lo cual en él más que en ninguna otra criatura se complació el divino Esposo, morando en él de asiento, como en su templo y casa de recreación. Y si a todos es admirable y atractiva la persona, en quien resplandece la pureza, María debe ser mucho más hermosa, agradable y atractiva por la perfectísima limpieza de su Corazón. ¿Queremos nosotros agradar y ver a Dios?

Seamos limpios de corazón. Mas esto no lo conseguiremos si no moderamos y sujetamos sus afectos, si no mortificamos nuestros sentidos y malas inclinaciones. Hagamos, por tanto, firmes propósitos, y pidamos las gracias convenientes. (*En silencio*).

Oración

¡Santísima Madre mía! Vos, incomparablemente más que ninguna otra criatura, fuisteis limpia de Corazón; Vos resplandecéis más en pureza que todos los justos y Ángeles; Vos por la hermosura de vuestro Corazón enamorasteis al Altísimo y lo atrajisteis a vuestro seno. Alcanzadnos, Señora, esa pureza de corazón; rogad por nosotros para que sepamos vencer nuestras malas inclinaciones y vivir con el candor con que Vos fuisteis adornada, a fin de que podamos ver a Dios y morar con Él eternamente. Para conseguirlo os saludaremos. *(Leer las salutaciones)*.

Día sexto
De la mansedumbre del Corazón de María

Ponderemos la mansedumbre del Corazón de María. Ella fue tan grande y tan visible, que pudo decir como Jesucristo su Hijo: *Aprended de mí que soy mansa de Corazón*. ¡Cuán bien manifestó esta, virtud en. todos los actos de su vida!

Como mansísima Cordera asistió al pie de la Cruz, y aunque veía cuán mal parado había dejado a su benditísimo Hijo la crueldad de los hombres, no los maldecía, y aunque oía sus blasfemias, no murmuraba, y aunque a sus ojos injuriaban a Cristo y le traspasaban a ella el Corazón de pena y de dolor, no se quejaba, ni les daba señales de desagrado, antes los compadecía en su alma y tenía piedad de ellos, y rogaba al Padre Eterno, a imitación de su Hijo, que los. perdonase.

El Corazón de María, por su gran mansedumbre, ganó siempre el afecto y la veneración de los hombres; y su oración agradó siempre a Dios, porque la de los mansos le fue siempre grata.

Si nosotros queremos dar gusto a Dios, si deseamos que nuestros ruegos sean oídos, si, en fin, pretendemos ganar el afecto y la atención de los demás, es necesario que seamos mansos.

Más nunca lo seremos si no reprimimos nuestros movimientos de ira, si no evitamos el mal humor y la melancolía, si no disimulamos las palabras, que pudieran herir nuestro amor propio y si no guardamos silencio en las injurias que se nos hagan, guardando la serenidad del semblante, y no permitiendo que la lengua prorrumpa en palabras injuriosas, ásperas o altivas. ¿Y es esto lo que hacemos?

Meditémoslo, propongámonos enmendarnos y pidamos gracia. (*Hágase pausa*).

Oración

¡Virgen soberana, Reina y Madre llena de mansedumbre! Vuestro Corazón mansísimo reprende al nuestro tan inmortificado: queremos imitaros; desde hoy nos proponemos reprimir los movimientos de la ira y practicar la mansedumbre alcanzadnos, Señora, la gracia que para esto necesitamos. Para merecerla os saludaremos. (*Leer las salutaciones*).

Día séptimo
De la humildad del Corazón de María

Consideremos la profunda humildad del santísimo Corazón de nuestra Madre. Dios, que es infinitamente justo, exalta a los humildes según su grado de humildad; porque está escrito que Dios ensalza a los humildes y abate a los soberbios.

A la Virgen sin mancilla ensalzó el Señor muchísimo más que a todas las demás criaturas; puesto que la sublimó a la dignidad casi infinita de Madre del mismo Dios. ¿Cuál sería, pues, su humildad de Corazón? ¡Qué cimientos tan profundos de humildad habría echado para levantar el edificio de su dignidad a tan encumbrada altura!

El humilde de corazón se conoce a sí mismo, se pospone a los demás y desea ocupar el lugar postrero. Esto practicó esmeradamente María: no obstante ser ya verdadera Madre de Dios, y por lo mismo Señora y Reina de los Cielos y Tierra, se reconoce bajísima, y se da el nombre de esclava: el lugar que quiso ocupar mientras vivía, el oficio que ejerció y toda su conducta dan bien a conocer su profundísima humildad de Corazón.

Tal fue María; más nosotros, ¿qué somos? ¡Cuán diferentes! Siendo ignorantes queremos la nota de sabios; siendo pecadores y estando llenos de faltas, pretendemos pasar por justos y perfectos: y ¿qué haremos en lo sucesivo? Hagamos firmes propósitos de imitar a nuestra Madre y pidamos la gracia. (*Reflexiónese un poco*).

Oración

¡Oh Virgen humildísima! Vos sois Señora, y os llamáis esclava; Vos sois elegida para el lugar más distinguido, y pretendéis el último.

Vos conocéis el mérito de la humildad y por eso la arraigáis en vuestro Corazón y la practicáis constantemente.

Alcanzadme esos sentimientos de humildad de que Vos estáis animada; haced que os imite en esa humildad de corazón de que me dais tan brillantes ejemplos. Para conseguirlo, Señora, os saludaremos. (*Leer las salutaciones*).

Día octavo
De la fortaleza del Corazón de María

Consideremos que María fue la verdadera mujer fuerte. ¡Qué Corazón tan firme el de esta Señora! El celo de la gloria del Señor que lo animaba lo vigorizó paralas más arduas empresas. La confianza ilimitada que tenía en Dios hízolo impávido y hasta terrible para aplastar la cabeza de la infernal serpiente y acabar con todas las herejías; y su encendido amor a Dios le dio fuerzas para superar los mayores sacrificios.

Contempladla un instante en el Calvario, en el sacrificio más sensible y doloroso que presenció el universo. Su Hijo moribundo está pendiente de la cruz de tres durísimos clavos, con la cabeza coronada de espinas, Jos ojos hundidos por la gran flaqueza, el semblante pálido y afeado con la sangre cuajada que las espinas hicieron brotar de sus sienes, la garganta seca y atormentada por la abrasadora sed, vertiendo sangre por las llagas de los pies y de las manos, y todo su cuerpo en tan triste y dolorosa figura, que causa compasión hasta a las criaturas insensibles, las cuales no pudiendo sufrir tan cruel espectáculo dan cada una a su manera señales de dolor: el sol se obscurece, la tierra tiembla, las piedras se parten, ábrense los sepulcros y la naturaleza entera vístese de luto y da muestras de pesar y sentimiento.

Solo María permanece en pie junto a la Cruz, con el Corazón traspasado de dolor e inundado por mar de amargura, pero con tan divina fortaleza, que ni sus rodillas tiemblan, ni el Corazón desmaya, ni las gigantescas olas de tan gran tribulación perturban la paz y tranquilidad de la parte superior de su alma. ¡Qué fortaleza! ¿La tenemos nosotros?

¡Ah! ¡Cuán diferente es nuestro Corazón del suyo! El afecto desordenado a la vida, a la salud, a los mezquinos intereses, un simple respeto humano, un *qué dirán*, ocasionan con frecuencia la omisión de los deberes más graves y la comisión de pecados del todo inexcusables.

¿No es esta la conducta de muchos cristianos? ¡Ah! Confundámonos, hagamos firmes propósitos de la enmienda y pidamos gracias para cumplirlos. (*Deténgase un poco*).

Oración

¡Madre mía amabilísima! Vos conocéis bien mi cobardía y debilidad, que por desgracia me han acompañado casi siempre; por el admirable valor que tanto os distinguió, os ruego que infundáis en mi corazón la fortaleza necesaria para confesar la fe, para guardar la santa Ley de Dios, y para prescindir de todo respeto humano en la práctica de las virtudes. Para conseguir esta y demás gracias, os saludaremos. (*Leer las salutaciones*).

Día noveno

De la paciencia del Corazón de María

Ponderemos la admirable paciencia del Corazón de María. Para conocerla, deberíamos conocer sus padecimientos. Mas, ¿cuáles son estos?

¡Ah! Fueron tantos, tan duraderos y tan vehementes, que no hay lengua que los pueda explicar, ni entendimiento capaz de comprenderlos.

La Madre de Dios, dice Cornelio Alápide, padeció en su alma lo que Jesucristo en su cuerpo. El dolor que se siente por otro está en proporción del amor; como el amor de María a su Hijo fue intensísimo y mayor que el de todos los santos y mártires, se sigue que sus padecimientos fueron mayores que los de todos éstos.

Mas en medio de ellos, y no obstante la duración de los mismos, que fue la de toda su vida, nunca salió de sus labios la más pequeña queja, nunca se la vio perturbada, mal humorada, ni intratable; a pesar de la agudeza de sus dolores, capaces cada uno de quitarle la vida en cada momento, siempre estuvo con la mayor serenidad, resignación y conformidad.

¡Qué Corazón tan paciente! ¡Ojalá fuésemos sus imitadores en tan importante virtud! Desgraciadamente obramos al contrario. Un pequeño revés, un dolor ligero, una palabra picante, un desaire cualquiera, inquieta nuestro corazón y nos hace prorrumpir en queja, nos hace perder la paciencia. No obremos más así: la conducta de María sea la norma de la nuestra; hagamos a este fin los propósitos convenientes y pidamos la gracia necesaria para cumplirlos. (*Pausa*).

Oración

¡Madre pacientísima! Por la multitud y vehemencia de vuestros dolores, os suplicamos nos alcancéis la paciencia y resignación que necesitamos para sufrir con mérito las amarguras y penalidades que nos afligen. Señora, la paciencia nos es necesaria para alcanzar la repromisión.

Vos nos disteis el ejemplo más admirable de ella, interceded por nosotros para que sepamos imitaros, mientras que, para conseguirla, os saludaremos. (*Leer las salutaciones*).

Acto de consagración

¡Oh Corazón Santísimo de María, Corazón Inmaculado de mi dulcísima Madre! ¡Oh Corazón amorosísimo, inflamado de la más viva caridad! ¡Oh Corazón preciosísimo, digno de toda la veneración de los Ángeles y de los hombres! ¡Dulce objeto de nuestro amor, y también de nuestra dulcísima esperanza! Aceptad, ¡oh santísima Madre mía!, la ofrenda que os hago de mi corazón; dignaos recibirle en vuestras manos purísimas; ofrecedlo a vuestro divino Hijo Jesús, y suplicadle lo purifique de las culpas que lo afean, y de las imperfecciones que lo hacen desagradable a sus divinos ojos.

Haced, ¡oh purísima Virgen María! que mi corazón sea una víctima agradable a vuestro santísimo Hijo y Vos todos los días de mi vida, para qué, siendo ahora un tanto semejante al vuestro, tenga después la dicha de unirse con Vos en la gloria, para dar a Jesús rendidas gracias por sus beneficios, amarle sin cesar, y cantar sus inefables misericordias por toda la eternidad. Amén.

Escapulario del Inmaculado Corazón de María

Este escapulario, formado de lana blanca, con un corazón de lana roja en medio, fue aprobado por Pío IX, de santa memoria, en 7 de mayo de 1877, dando a los sacerdotes de la Congregación de Misioneros Hijos del Inmaculado Corazón de María la facultad de bendecirlo e imponerlo a todos los fieles, con aplicación de las indulgencias y gracias concedidas a los socios de la Archicofradía del mismo título por Gregorio XVI.

Las indulgencias plenarias son 37; pero los archicofrades ganan tres más, concedidas por Pío IX. Las indulgencias del escapulario son independientes de las de la Archi cofradía. pudiéndose acumular unas con otras.

Ejercicios piadosos
para los Archicofrades y devotos del Corazón de María, en los días festivos

Rezado el santo Rosario, hecha la señal de la Cruz y el Acto de Contrición, se dirá el siguiente

Ofrecimiento

Santísima Madre mía: Rendido a vuestros pies, y con la más pura intención de agradaros, ofrezco y consagro a vuestro Corazón purísimo estos actos de piedad y devoción, suplicándoos humildemente que los aceptéis y me alcancéis la gracia que necesito para hacerlos bien, para gloria de Dios, santificación de mi alma y conversión de todos los pecadores. Amén.

Oración

¡Oh Corazón de María, Madre de Dios y Madre nuestra! ¡Corazón amabilísimo objeto de las complacencias de la adorable Trinidad, y digno de toda la veneración y ternura de los Ángeles y de los hombres! ¡Corazón el más semejante al de Jesús del cual sois la más perfecta imagen!

¡Corazón lleno de bondad, y que tanto os compadecéis de nuestras miserias! Dignaos derretir el hielo de nuestros corazones, y haced que vuelvan a conformarse enteramente con el Corazón del divino Salvador.

Infundid en ellos el amor de vuestras virtudes, inflamadlos con ese dichoso fuego en que Vos estáis ardiendo sin cesar.

Encerrad en vuestro seno la Santa Iglesia, custodiadla, sed siempre su dulce asilo y su inexpugnable torre contra toda incursión de sus enemigos. Sed nuestro camino para dirigirnos a Jesús, y el conducto por el cual recibamos todas las gracias necesarias para nuestra salvación.

Sed nuestro socorro en las necesidades nuestro consuelo en las aflicciones, nuestra fortaleza en las tentaciones, nuestro refugio en las persecuciones. nuestra ayuda en todos los peligros; pero especialmente en los últimos combates de nuestra vida, a la hora de la muerte, cuando todo el infierno se desencadenará contra nosotros para arrebatar nuestras almas en aquel formidable momento, en aquel punto terrible del que depende nuestra eternidad.

¡Oh Virgen piadosísima!; hacednos sentir entonces la dulzura de vuestro maternal Corazón, y la fuerza de vuestro poder para con el de Jesús, abriéndonos en la misma fuente de la misericordia un refugio seguro, en donde podamos reunirnos para bendecirle con Vos en el paraíso por todos los siglos de los siglos. Así sea.

JACULATORIAS

Ahora, en obsequio del Inmaculado Corazón de María, rezaremos con fervor las siguientes jaculatorias:

1. ¡Oh Inmaculada Virgen María, sin pecado concebida! A Vos acudimos para que supliquéis al Eterno Padre nos conceda el perdón de nuestros pecados. *Ave María y Gloria Patri*.

2. ¡Oh purísima Virgen María, sin pecado concebida! Afectuosamente os suplicamos alcancéis de vuestro divino

Hijo la pronta conversión de todos los pecadores. *Ave y Gloria.*

3. ¡Oh Santísima Virgen María, sin pecado concebida! Por vuestro clementísimo Corazón, pedid al Espíritu Santo nos inflame con su divino amor, para que todos perseveremos en la gracia del Señor hasta la muerte. Amén. *Ave y Gloria.*

ORACIÓN DE SAN BERNARDO

Acordaos, ¡oh piadosísima Virgen María!, que jamás se ha oído decir que ninguno de los que han acudido a vuestra protección, implorado vuestra asistencia y reclamado vuestro socorro, haya sido abandonado de Vos. Animado con esta confianza, a Vos también acudo, ¡oh Virgen, Madre de las vírgenes!, y, aunque gimiendo bajo el peso de mis pecados, me atrevo a parecer ante vuestra presencia soberana. No desechéis, ¡oh purísima Madre de Dios!, mis humildes súplicas; antes bien, inclinad a ellas vuestros oídos, y dignaos atenderlas favorablemente, concediéndome lo que os pido.

Aquí se excitará al auditorio a rogar por los necesitados, por los pecadores, y muy especialmente por los que se encomienden a nuestras oraciones, expresando los motivos, si conviene. Por ejemplo, por un impío, blasfemo, etc., etc.; guárdese breve silencio.

A fin de que Dios los convierta y nos dé a todos su santa gracia, recemos con fervor las siguientes

PRECES AL INMACULADO CORAZÓN DE MARÍA

Se responderá: Rogad, ¡oh Virgen María! por los pobres pecadores.

Corazón de María, siempre inmaculado,

rogad

Corazón de María, lleno de gracia,

Corazón de María, santuario de la Santísima Trinidad, rogad

Corazón de María, tabernáculo del Verbo encarnado, rogad

Corazón de María, el más semejante al de Jesús, rogad

Corazón de María, abismo de humildad, rogad

Corazón de María, modelo de pureza e inocencia, rogad

Corazón de María, holocausto del divino amor rogad

Corazón de María, espejo de todas las perfecciones divinas, rogad

Corazón de María, mar de penas y amarguras, rogad

Corazón de María, con espada de dolor traspasado, rogad

Corazón de María, en el Calvario martirizado, rogad

Corazón de María, al pie de la Cruz triste y desconsolado, rogad

Corazón de María, consuelo de afligidos, rogad

Corazón de María, fortaleza de los tentados,

Corazón de María, escudo y protección de vuestros devotos, rogad

Corazón de María, terror y espanto de los demonios, rogad

Corazón de María, iris de paz entre Dios y los hombres, rogad

Corazón de María, paraíso de celestiales delicias, rogad

Corazón de María, trono de gloria, rogad

Corazón de María, digno de toda veneración en el Cielo y en la Tierra, rogad

Corazón de María, asilo seguro y dulce refugio de todos los pecadores, rogad

ORACIÓN
por las necesidades de la Iglesia y de la Nación

¡Oh adorable Redentor de nuestras almas! Oíd nuestras súplicas; venid en nuestro socorro; de lo contrario, perecemos sin remedio. Vos, que calmáis las olas del embravecido mar, oponed un dique poderoso al torrente de impiedad que amenaza anegarlo todo.

¡Oh Dios Omnipotente!, confundid con vuestro poder a los enemigos y profanadores de vuestro Santísimo Hombre; destruid ese espíritu de error y delirio que seduce todos los días tan grande número de almas; consolad, en fin, o vuestros fieles adoradores que gimen y lloran en secreto por la corrupción que desola toda la Tierra.

Reconocemos que hemos pecado y que justísimamente nos castigáis; pero Señor, si la justicia os pertenece, también es atributo vuestro la misericordia; tenedla, pues, de nuestras almas, que son obra de vuestras manos. Mirad con ojos de compasión a vuestro Vicario el Sumo Pontífice, a vuestra Esposa la Santa Iglesia Católica; defendedla de todos sus enemigos; y extendedla por todo el universo.

Apiadaos de esta nuestra nación, a cuyo favor os rogamos que, a pesar de nuestras repetidas culpas, no nos abandonéis jamás, antes bien, nos perdonéis y admitáis a vuestra gracia, mediante una verdadera y pronta reconciliación con Vos. Conservad en nuestra patria el sagrado depósito de la santa fe católica, apostólica, romana; preservadla del error y de la herejía; concededle la unidad católica, y haced que sea obediente y sumisa a la voz del Vicario de Jesucristo. Perdonad, Señor, perdonad a vuestro pueblo, que, si bien os ha ofendido, también os pide misericordia. Os lo pedimos, Señor, por los méritos infinitos del divino Corazón de Jesús y los del santísimo Corazón de María. *Amén.*

Ahora se dirá la plática o sermón, más si no fuese esto posible, se leerá algún ejemplo sobre los frutos de la devoción al Corazón de María. Se concluirá con la estación al Santísimo Sacramento y la comunión espiritual que sigue:

Creo, Jesús mío, que estáis realmente en el Santísimo Sacramento. Os adoro con toda mi alma y deseo recibiros sacramentalmente; pero no pudiendo hacerlo ahora, venid a lo menos espiritualmente a mi corazón, y como si ya os hubiese recibido, os abrazo y me uno en todo a Vos; no permitáis, Señor, que jamás me aparte de Vos. *Amén.*

Ahora, para desagraviar al Señor de las injurias que recibe en el Santísimo Sacramento, diremos tres veces con todo fervor.

Aplaca, Señor, tu enojo,

Tu justicia y Tu rigor.

Dulce Jesús de mi vida,

Misericordia, Señor.

Novena a Nuestra Señora de Fátima

(Siglo XXI)

Primer día
Ofrecimiento para todos los días

¡Oh Dios mío! Yo creo, adoro, espero y amo. Te pido perdón por los que no creen, no adoran, no esperan y no te aman. ¡Oh Santísima Trinidad, Padre, Hijo y Espíritu Santo!

Yo te adoro profundamente y te ofrezco el preciosísimo cuerpo, sangre, alma y divinidad de nuestro Señor Jesucristo, presente en todos los tabernáculos del mundo, en reparación de los ultrajes con que Él es ofendido; y por los méritos infinitos de su Santísimo Corazón e intercesión del Inmaculado Corazón de María, te pido la conversión de los pecadores. Amén.

Oración preparatoria

Oh Santísima Virgen María, Reina del Rosario y Madre de Misericordia que te dignaste manifestar en Fátima a tres pastorcitos los tesoros de gracia escondidos en el rezo del santo rosario, inspira en nuestros corazones y en los corazones de todos los fieles un sincero amor por esta devoción.

Confiados en tu misericordia maternal y agradecidos por las bondades de tu inmaculado corazón, venimos a tus pies para rogarte que escuches nuestras oraciones e intercedas por lo que te todo corazón te pedimos en esta novena:

Hacer petición con mucha fe y terminar con esta frase:

Confiamos en tu divina misericordia. Te lo pedimos para mayor gloria de Dios, honra tuya y provecho de nuestras almas. Así sea.

Rezar 3 Ave Marías.

Oración del primer día

¡Oh Santísima Virgen María, Madre de los pobres pecadores! Que apareciendo en Fátima dejaste transparentar en tu rostro celestial una leve sombra de tristeza para indicar el dolor que te causan los pecados de los hombres, y que con maternal compasión exhortaste a no afligir más a tu Hijo con la culpa y a reparar los pecados con la mortificación y la penitencia.

Danos la gracia de un sincero dolor de los pecados cometidos y la resolución generosa de reparar con obras de penitencia y mortificación todas las ofensas que se infieren a tu Divino Hijo y a tu Corazón Inmaculado.

Oración final

¡Oh Dios, cuyo Unigénito, con su vida, muerte y resurrección, nos mereció el premio de la salvación eterna! Te suplicamos nos concedas que, meditando los misterios del Santísimo Rosario de la bienaventurada Virgen María, imitemos los ejemplos que nos enseñan y alcancemos el premio que prometen. Por el mismo Jesucristo nuestro Señor. Amén.

Segundo día
Ofrecimiento para todos los días

¡Oh Dios mío! Yo creo, adoro, espero y amo. Te pido perdón por los que no creen, no adoran, no esperan y no te aman. ¡Oh Santísima Trinidad, Padre, Hijo y Espíritu Santo!

Yo te adoro profundamente y te ofrezco el preciosísimo cuerpo, sangre, alma y divinidad de nuestro Señor Jesucristo, presente en todos los tabernáculos del mundo, en reparación de los ultrajes con que Él es ofendido; y por los méritos infinitos de su

Santísimo Corazón e intercesión del Inmaculado Corazón de María, te pido la conversión de los pecadores. Amén.

ORACIÓN PREPARATORIA

Oh Santísima Virgen María, Reina del Rosario y Madre de Misericordia, que te dignaste manifestar en Fátima a tres pastorcitos los tesoros de gracia escondidos en el rezo del santo rosario, inspira en nuestros corazones y en los corazones de todos los fieles un sincero amor por esta devoción.

Confiados en tu misericordia maternal y agradecidos por las bondades de tu inmaculado corazón, venimos a tus pies para rogarte que escuches nuestras oraciones e intercedas por lo que te todo corazón te pedimos en esta novena:

Hacer petición con mucha fe y terminar con esta frase:

Confiamos en tu divina misericordia. Te lo pedimos para mayor gloria de Dios, honra tuya y provecho de nuestras almas. Así sea.

Rezar 3 Ave Marías.

ORACIÓN DEL SEGUNDO DÍA

¡Oh Santísima Virgen María, Madre de la divina gracia! Que vestida de alba blancura te apareciste a unos pastorcitos sencillos e inocentes, enseñándonos así cuánto debemos amar y procurar la inocencia del alma, y que pediste por medio de ellos la enmienda de las costumbres y la santidad de una vida cristiana perfecta. Concédenos misericordiosamente la gracia de saber apreciar la dignidad de nuestra condición de cristianos y de llevar una vida en todo conforme a las promesas bautismales.

Tercer día
Ofrecimiento para todos los días

¡Oh Dios mío! Yo creo, adoro, espero y amo. Te pido perdón por los que no creen, no adoran, no esperan y no te aman. ¡Oh Santísima Trinidad, Padre, Hijo y Espíritu Santo!

Yo te adoro profundamente y te ofrezco el preciosísimo cuerpo, sangre, alma y divinidad de nuestro Señor Jesucristo, presente en todos los tabernáculos del mundo, en reparación de los ultrajes con que Él es ofendido; y por los méritos infinitos de su Santísimo Corazón e intercesión del Inmaculado Corazón de María, te pido la conversión de los pecadores. Amén.

Oración preparatoria

Oh Santísima Virgen María, Reina del Rosario y Madre de Misericordia, que te dignaste manifestar en Fátima a tres pastorcitos los tesoros de gracia escondidos en el rezo del santo rosario, inspira en nuestros corazones y en los corazones de todos los fieles un sincero amor por esta devoción.

Confiados en tu misericordia maternal y agradecidos por las bondades de tu inmaculado corazón, venimos a tus pies para rogarte que escuches nuestras oraciones e intercedas por lo que te todo corazón te pedimos en esta novena:

Hacer petición con mucha fe y terminar con esta frase:

Confiamos en tu divina misericordia. Te lo pedimos para mayor gloria de Dios, honra tuya y provecho de nuestras almas. Así sea.

Rezar 3 Ave Marías.

Oración del tercer día

¡Oh Santísima Virgen María, vaso insigne de devoción! Que te apareciste en Fátima teniendo en tus manos el santo Rosario, y que insistentemente repetías: «Oren, oren mucho», para alejar por medio de la oración los males que nos amenazan.

Concédenos el don y el espíritu de oración, la gracia de ser fieles en el cumplimiento del gran precepto de orar, haciéndolo todos los días, para así poder observar bien los santos mandamientos, vencer las tentaciones y llegar al conocimiento y amor de Jesucristo en esta vida y a la unión feliz con Él en la otra.

Oración final

¡Oh Dios, cuyo Unigénito, con su vida, muerte y resurrección, nos mereció el premio de la salvación eterna! Te suplicamos nos concedas que, meditando los misterios del Santísimo Rosario de la bienaventurada Virgen María, imitemos los ejemplos que nos enseñan y alcancemos el premio que prometen. Por el mismo Jesucristo nuestro Señor. Amén.

Cuarto día
Ofrecimiento para todos los días

¡Oh Dios mío! Yo creo, adoro, espero y amo. Te pido perdón por los que no creen, no adoran, no esperan y no te aman. ¡Oh Santísima Trinidad, Padre, Hijo y Espíritu Santo!

Yo te adoro profundamente y te ofrezco el preciosísimo cuerpo, sangre, alma y divinidad de nuestro Señor Jesucristo, presente en todos los tabernáculos del mundo, en reparación de los ultrajes con que Él es ofendido; y por los méritos infinitos de su Santísimo Corazón e intercesión del Inmaculado

Corazón de María, te pido la conversión de los pecadores. Amén.

Oración preparatoria

Oh Santísima Virgen María, Reina del Rosario y Madre de Misericordia, que te dignaste manifestar en Fátima a tres pastorcitos los tesoros de gracia escondidos en el rezo del santo rosario, inspira en nuestros corazones y en los corazones de todos los fieles un sincero amor por esta devoción.

Confiados en tu misericordia maternal y agradecidos por las bondades de tu inmaculado corazón, venimos a tus pies para rogarte que escuches nuestras oraciones e intercedas por lo que te todo corazón te pedimos en esta novena:

Hacer petición con mucha fe y terminar con esta frase:

Confiamos en tu divina misericordia. Te lo pedimos para mayor gloria de Dios, honra tuya y provecho de nuestras almas. Así sea.

Rezar 3 Ave Marías.

Oración del cuarto día

¡Oh Santísima Virgen María, Reina de la Iglesia! Que exhortaste a los pastorcitos de Fátima a rogar por el Papa, e infundiste en sus almas sencillas una gran veneración y amor hacia él, como vicario de tu Hijo y su representante en la Tierra.

Infunde también a nosotros el espíritu de veneración y docilidad hacia la autoridad del Santo Padre, de adhesión inquebrantable a sus enseñanzas, y en él y con él un gran amor y respeto a todos los ministros de la santa Iglesia, por medio de los cuales participamos la vida de la gracia en los sacramentos.

Oración final

¡Oh Santísima Virgen María, vaso insigne de devoción! Que te apareciste en Fátima teniendo en tus manos el santo Rosario, y que insistentemente repetías: «Oren, oren mucho», para alejar por medio de la oración los males que nos amenazan.

Concédenos el don y el espíritu de oración, la gracia de ser fieles en el cumplimiento del gran precepto de orar, haciéndolo todos los días, para así poder observar bien los santos mandamientos, vencer las tentaciones y llegar al conocimiento y amor de Jesucristo en esta vida y a la unión feliz con Él en la otra.

Quinto día
Ofrecimiento para todos los días

¡Oh Dios mío! Yo creo, adoro, espero y amo. Te pido perdón por los que no creen, no adoran, no esperan y no te aman. ¡Oh Santísima Trinidad, Padre, Hijo y Espíritu Santo!

Yo te adoro profundamente y te ofrezco el preciosísimo cuerpo, sangre, alma y divinidad de nuestro Señor Jesucristo, presente en todos los tabernáculos del mundo, en reparación de los ultrajes con que Él es ofendido; y por los méritos infinitos de su Santísimo Corazón e intercesión del Inmaculado Corazón de María, te pido la conversión de los pecadores. Amén.

Oración preparatoria

Oh Santísima Virgen María, Reina del Rosario y Madre de Misericordia, que te dignaste manifestar en Fátima a tres pastorcitos los tesoros de gracia escondidos en el rezo del santo rosario, inspira en nuestros corazones y en los corazones de todos los fieles un sincero amor por esta devoción.

Confiados en tu misericordia maternal y agradecidos por las bondades de tu inmaculado corazón, venimos a tus pies para rogarte que escuches nuestras oraciones e intercedas por lo que te todo corazón te pedimos en esta novena:

Hacer petición con mucha fe y terminar con esta frase:

Confiamos en tu divina misericordia. Te lo pedimos para mayor gloria de Dios, honra tuya y provecho de nuestras almas. Así sea.

Rezar 3 Ave Marías.

Oración del quinto día

¡Oh Santísima Virgen María, salud de los enfermos y consoladora de los afligidos! Que, movida por el ruego de los pastorcitos, curaste en tus apariciones en Fátima, y convertiste este lugar, santificado por tu presencia, en oficina de tus misericordias maternales en favor de todos los afligidos.

A tu Corazón maternal acudimos llenos de filial confianza, mostrando las enfermedades de nuestras almas y las aflicciones y dolencias de nuestra vida. Echa sobre ellas una mirada de compasión y remédialas con la ternura de tus manos, para que así podamos servirte y amarte con todo nuestro corazón y con todo nuestro ser.

Oración final

¡Oh Dios, cuyo Unigénito, con su vida, muerte y resurrección, nos mereció el premio de la salvación eterna!

Te suplicamos nos concedas que, meditando los misterios del Santísimo Rosario de la bienaventurada Virgen María, imitemos los ejemplos que nos enseñan y alcancemos el premio que prometen. Por el mismo Jesucristo nuestro Señor. Amén.

Sexto día
Ofrecimiento para todos los días

¡Oh Dios mío! Yo creo, adoro, espero y amo. Te pido perdón por los que no creen, no adoran, no esperan y no te aman. ¡Oh Santísima Trinidad, Padre, Hijo y Espíritu Santo!

Yo te adoro profundamente y te ofrezco el preciosísimo cuerpo, sangre, alma y divinidad de nuestro Señor Jesucristo, presente en todos los tabernáculos del mundo, en reparación de los ultrajes con que Él es ofendido; y por los méritos infinitos de su Santísimo Corazón e intercesión del Inmaculado Corazón de María, te pido la conversión de los pecadores. Amén.

Oración preparatoria

Oh Santísima Virgen María, Reina del Rosario y Madre de Misericordia, que te dignaste manifestar en Fátima a tres pastorcitos los tesoros de gracia escondidos en el rezo del santo rosario, inspira en nuestros corazones y en los corazones de todos los fieles un sincero amor por esta devoción.

Confiados en tu misericordia maternal y agradecidos por las bondades de tu inmaculado corazón, venimos a tus pies para rogarte que escuches nuestras oraciones e intercedas por lo que te todo corazón te pedimos en esta novena:

Hacer petición con mucha fe y terminar con esta frase:

Confiamos en tu divina misericordia. Te lo pedimos para mayor gloria de Dios, honra tuya y provecho de nuestras almas. Así sea.

Rezar 3 Ave Marías.

Oración del sexto día

¡Oh Santísima Virgen María, refugio de los pecadores! Que enseñaste a los pastorcitos de Fátima a rogar incesantemente al Señor para que esos desgraciados no caigan en las penas eternas del infierno, y que manifestaste a uno de los tres que los pecados de la carne son los que más almas arrastran a aquellas terribles llamas.

Infunde en nuestras almas un gran horror al pecado y el temor santo de la justicia divina, y al mismo tiempo despierta en ellas la compasión por la suerte de los pobres pecadores y un santo celo para trabajar con nuestras oraciones, ejemplos y palabras por su conversión.

Oración final

¡Oh Dios, cuyo Unigénito, con su vida, muerte y resurrección, nos mereció el premio de la salvación eterna! Te suplicamos nos concedas que, meditando los misterios del Santísimo Rosario de la bienaventurada Virgen María, imitemos los ejemplos que nos enseñan y alcancemos el premio que prometen. Por el mismo Jesucristo nuestro Señor. Amén.

SÉPTIMO DÍA
OFRECIMIENTO PARA TODOS LOS DÍAS

¡Oh Dios mío! Yo creo, adoro, espero y amo. Te pido perdón por los que no creen, no adoran, no esperan y no te aman. ¡Oh Santísima Trinidad, Padre, Hijo y Espíritu Santo!

Yo te adoro profundamente y te ofrezco el preciosísimo cuerpo, sangre, alma y divinidad de nuestro Señor Jesucristo, presente en todos los tabernáculos del mundo, en reparación de los ultrajes con que Él es ofendido; y por los méritos infinitos de su Santísimo Corazón e intercesión del Inmaculado Corazón de María, te pido la conversión de los pecadores. Amén.

ORACIÓN PREPARATORIA

Oh Santísima Virgen María, Reina del Rosario y Madre de Misericordia, que te dignaste manifestar en Fátima a tres pastorcitos los tesoros de gracia escondidos en el rezo del santo rosario, inspira en nuestros corazones y en los corazones de todos los fieles un sincero amor por esta devoción.

Confiados en tu misericordia maternal y agradecidos por las bondades de tu inmaculado corazón, venimos a tus pies para rogarte que escuches nuestras oraciones e intercedas por lo que te todo corazón te pedimos en esta novena:

Hacer petición con mucha fe y terminar con esta frase:

Confiamos en tu divina misericordia. Te lo pedimos para mayor gloria de Dios, honra tuya y provecho de nuestras almas. Así sea.

Rezar 3 Ave Marías.

Oración del séptimo día

¡Oh Santísima Virgen María, Reina del Purgatorio! Que enseñaste a los pastorcitos de Fátima a rogar a Dios por las almas del Purgatorio, especialmente por las más abandonadas. Encomendamos a la inagotable ternura de tu maternal Corazón todas las almas que padecen en aquel lugar de purificación, en particular las de todos nuestros allegados y familiares y las más abandonadas y necesitadas; alíviales sus penas y llévalas pronto a la región de la luz y de la paz, para cantar allí perpetuamente tus misericordias.

Oración final

¡Oh Dios, cuyo Unigénito, con su vida, muerte y resurrección, nos mereció el premio de la salvación eterna!

Te suplicamos nos concedas que, meditando los misterios del Santísimo Rosario de la bienaventurada Virgen María, imitemos los ejemplos que nos enseñan y alcancemos el premio que prometen. Por el mismo Jesucristo nuestro Señor. Amén.

Octavo día
Ofrecimiento para todos los días

¡Oh Dios mío! Yo creo, adoro, espero y amo. Te pido perdón por los que no creen, no adoran, no esperan y no te aman. ¡Oh Santísima Trinidad, Padre, Hijo y Espíritu Santo!

Yo te adoro profundamente y te ofrezco el preciosísimo cuerpo, sangre, alma y divinidad de nuestro Señor Jesucristo, presente en todos los tabernáculos del mundo, en reparación de los ultrajes con que Él es ofendido; y por los méritos infinitos de su

Santísimo Corazón e intercesión del Inmaculado Corazón de María, te pido la conversión de los pecadores. Amén.

ORACIÓN PREPARATORIA

Oh Santísima Virgen María, Reina del Rosario y Madre de Misericordia, que te dignaste manifestar en Fátima a tres pastorcitos los tesoros de gracia escondidos en el rezo del santo rosario, inspira en nuestros corazones y en los corazones de todos los fieles un sincero amor por esta devoción.

Confiados en tu misericordia maternal y agradecidos por las bondades de tu inmaculado corazón, venimos a tus pies para rogarte que escuches nuestras oraciones e intercedas por lo que te todo corazón te pedimos en esta novena:

Hacer petición con mucha fe y terminar con esta frase:

Confiamos en tu divina misericordia. Te lo pedimos para mayor gloria de Dios, honra tuya y provecho de nuestras almas. Así sea.

Rezar 3 Ave Marías.

ORACIÓN DEL OCTAVO DÍA

¡Oh Santísima Virgen María! Que en tu última aparición te diste a conocer como la Reina del Santísimo Rosario, y en todas ellas recomendaste el rezo de esta devoción como el remedio más seguro y eficaz para todos los males y calamidades que nos afligen, tanto del alma como del cuerpo, así públicas como privadas. Infunde en nuestras almas una profunda estima de los misterios de nuestra Redención que se conmemoran en el rezo del Rosario, para así vivir siempre de sus frutos.

Concédenos la gracia de ser siempre fieles a la práctica de rezarlo diariamente para honrarte a Ti, acompañando tus gozos, dolores y glorias, y así merecer tu maternal protección y asistencia en todos los momentos de la vida, pero especialmente en la hora de la muerte.

Oración final

¡Oh Dios, cuyo Unigénito, con su vida, muerte y resurrección, nos mereció el premio de la salvación eterna! Te suplicamos nos concedas que, meditando los misterios del Santísimo Rosario de la bienaventurada Virgen María, imitemos los ejemplos que nos enseñan y alcancemos el premio que prometen. Por el mismo Jesucristo nuestro Señor. Amén.

Noveno día
Ofrecimiento para todos los días

¡Oh Dios mío! Yo creo, adoro, espero y amo. Te pido perdón por los que no creen, no adoran, no esperan y no te aman. ¡Oh Santísima Trinidad, Padre, Hijo y Espíritu Santo!

Yo te adoro profundamente y te ofrezco el preciosísimo cuerpo, sangre, alma y divinidad de nuestro Señor Jesucristo, presente en todos los tabernáculos del mundo, en reparación de los ultrajes con que Él es ofendido; y por los méritos infinitos de su Santísimo Corazón e intercesión del Inmaculado Corazón de María, te pido la conversión de los pecadores. Amén.

Oración preparatoria

Oh Santísima Virgen María, Reina del Rosario y Madre de Misericordia, que te dignaste manifestar en Fátima a tres pastorcitos los tesoros de gracia escondidos en el rezo del santo rosario, inspira en nuestros corazones y en los corazones de todos los fieles un sincero amor por esta devoción.

Confiados en tu misericordia maternal y agradecidos por las bondades de tu inmaculado corazón, venimos a tus pies para rogarte que escuches nuestras oraciones e intercedas por lo que te todo corazón te pedimos en esta novena:

Hacer petición con mucha fe y terminar con esta frase:

Confiamos en tu divina misericordia. Te lo pedimos para mayor gloria de Dios, honra tuya y provecho de nuestras almas. Así sea.

Rezar 3 Ave Marías.

Oración del noveno día

¡Oh Santísima Virgen María, Madre de los pobres pecadores! Que apareciendo en Fátima dejaste transparentar en tu rostro celestial una leve sombra de tristeza para indicar el dolor que te causan los pecados de los hombres, y que con maternal compasión exhortaste a no afligir más a tu Hijo con la culpa y a reparar los pecados con la mortificación y la penitencia.

Danos la gracia de un sincero dolor de los pecados cometidos y la resolución generosa de reparar con obras de penitencia y mortificación todas las ofensas que se infieren a tu Divino Hijo y a tu Corazón Inmaculado.

Oración final

¡Oh Dios, cuyo Unigénito, con su vida, muerte y resurrección, nos mereció el premio de la salvación eterna!

Te suplicamos nos concedas que, meditando los misterios del Santísimo Rosario de la bienaventurada Virgen María, imitemos los ejemplos que nos enseñan y alcancemos el premio que prometen. Por el mismo Jesucristo nuestro Señor. Amén.

Made in the USA
Columbia, SC
18 January 2025